全国"七五"普法统编教材
QUANGUO QIWU PUFA TONGBIAN JIAOCAI

"一带一路"

法律知识读本

中国社会科学院法学研究所法治宣传教育与公法研究中心◎组织编写

总顾问：张苏军

总主编：李 林　　本册主编：陈百顺　赵 波

中国出版集团　｜全国百佳图书
中国民主法制出版社　｜出版单位

图书在版编目（CIP）数据

"一带一路"法律知识读本：以案释法版 / 中国社会科学院法学研究所法治宣传教育与公法研究中心组织编写. -- 北京：中国民主法制出版社，2016.7

全国"七五"普法统编教材

ISBN 978-7-5162-1231-8

Ⅰ. ①一… Ⅱ. ①中… Ⅲ. ①法律－中国－普及读物 Ⅳ. ①D920.5

中国版本图书馆CIP数据核字（2016）第149187号

责任编辑 / 刘佳迪
装帧设计 / 郑文娟　张照雷

书　　名 / "一带一路"法律知识读本（以案释法版）
作　　者 / 陈百顺　赵　波

出版·发行 / 中国民主法制出版社
社　　址 / 北京市丰台区右安门外玉林里7号（100069）
电　　话 / 010-62155988
传　　真 / 010-62151293
经　　销 / 新华书店
开　　本 / 16开　710mm×1000mm
印　　张 / 11.375
字　　数 / 173千字
版　　本 / 2016年7月第1版　　2016年7月第1次印刷
印　　刷 / 北京精乐翔印刷有限公司

书　　号 / ISBN 978-7-5162-1231-8
定　　价 / 28.00元

丛书编委会名单

总　序

搞好法治宣传教育
营造良好法治氛围

　　全面推进依法治国，是坚持和发展中国特色社会主义，努力建设法治中国的必然要求和重要保障，事关党执政兴国、人民幸福安康、国家长治久安。

　　我们党长期重视依法治国，特别是党的十八大以来，以习近平同志为总书记的党中央对全面依法治国作出了重要部署，对法治宣传教育提出了新的更高要求，明确了法治宣传教育的基本定位、重大任务和重要措施。十八届三中全会要求"健全社会普法教育机制"；十八届四中全会要求"坚持把全民普法和守法作为依法治国的长期基础性工作，深入开展法治宣传教育"；十八届五中全会要求"弘扬社会主义法治精神，增强全社会特别是公职人员尊法学法守法用法观念，在全社会形成良好法治氛围和法治习惯"。习近平总书记多次强调，领导干部要做尊法学法守法用法的模范。法治宣传教育要创新形式、注重实效，为我们做好工作提供了基本遵循。

　　当前，我国正处于全面建成小康社会的决定性阶段，依法治国在党和国家工作全局中的地位更加突出，严格执法、公正司法的要求越来越高，维护社会公平正义的责任越来越大。按照全面依法治国新要求，深入开展法治宣传教育，充分发挥法治宣传教育在全面依法治国中的基础作用，推动全社会树立法治意识，为"十三五"时期经济社会发展营造良好法治环境，为实现"两个一百年"奋斗目标和中华民族伟大复兴的中国梦作出新贡献，责任重大、意义重大。

　　为深入贯彻党的十八大和十八届三中、四中、五中全会精神，贯彻落实习近平总书记系列重要讲话精神特别是依法治国重要思想，深入扎实地做好"七五"普法工作，中国社会科学院法学研究所联合中国民主法制出版社，经过反复研究、精心准备，特组织国内从事法律教学、研究和实务的专家学者，在新一轮的五年普法规划实施期间，郑重推出"全面推进依法治国精品书库（六大系列）"，即《全国"七五"普法统编教材（以案释法版，25册）》《青少年法治教育系列教材（法治实践版，30册）》《新时期法治宣传教育工作系列丛书（30册）》《"谁执法谁普法"系列丛书（以案释法版，70册）》《"七五"普法书架——以案释法系列丛书（60册）》和《"谁执法谁普法"

系列宣传册（漫画故事版，70册）》。六套丛书均注重采取宣讲要点、以案释法、图文并茂、通俗易懂的形式，紧紧围绕普法宣传的重点、法律规定的要点、群众关注的焦点、社会关注的热点、司法实践的难点，结合普法学习、法律运用和司法实践进行了全面阐释。丛书涵盖了中国特色社会主义法律体系的方方面面，系统收录了各类法律法规和规章，筛选了涉及经济、政治、文化、社会和生态文明建设的各类典型案例，清晰展现了法律教学研究和司法工作的生动实践，同时兼顾了领导干部、青少年学生、工人和农民等不同普法对象的学习需求，具有很强的实用性和操作性，对于普法学习、法学研究和司法实务均具有较好的参考价值。

丛书的出版，有助于广大公民深入学习中央关于全面推进依法治国的战略布局，系统掌握宪法和法律规定，学会运用多样的权利救济途径表达诉求、维护合法权益；有助于广大行政执法人员和法律工作者进一步优化知识结构，丰富相关法律知识储备，强化能力素质和提高工作水平；有助于广大司法实务工作者准确把握法律应用方面的最新进展，解决实际工作中存在的司法疑难问题。

诚然，中国特色社会主义的建设日新月异，依法治国的实践也在不断丰富和发展。丛书出版后，还需要结合普法实践新进展，立法工作新动态和执法司法新需求，及时进行修订完善和内容更新，以确保读者及时、准确掌握中央全面推进依法治国的新要求、立法执法的新进展，使丛书的社会应用价值不断提升。

全面建成小康社会、实现中华民族伟大复兴的中国梦，必须全面推进依法治国；落实依法治国基本方略，必须不断提高全社会的法律应用水平。衷心希望这六套丛书的出版，能够在普法学习宣传、法学理论研究和教学、法律工作实务方面起到应有作用，切实有助于广大公务人员能够更好地运用法治思维和法治方式推动工作，带头在宪法法律范围内活动；有助于执法司法工作人员始终坚持严格执法、公正司法，不断提升执法司法能力；有助于广大干部群众坚持依法治理，加强法治保障，运用法治思维和法治方式化解社会矛盾，更好地营造学法尊法守法用法的良好氛围。

本书编委会
2016年5月

目　　录

第一章　全面推进依法治国战略 ·················· 1

　第一节　全面推进依法治国战略概述 ·················· 1

　　以案释法01　让人民群众在司法案件中感受到公平正义 ·············· 12

　第二节　宪法及行政法相关规定 ·················· 13

　　以案释法02　换届选举的法律严肃性不容挑战 ·············· 21

　　以案释法03　行政不作为被判败诉 ·············· 28

　　以案释法04　行政机关对不属于本机关办理职责的事项应依法移送

　　　　　　　　有关机关 ·············· 29

　第三节　"七五"普法规划 ·················· 32

　　以案释法05　领导干部腐败不能以"不懂法"为借口 ·············· 36

第二章　习近平关于全面依法治国的重要论述 ·················· 41

　第一节　中国特色社会主义法治理论和法治实践的新思想 ·········· 41

　第二节　习近平依宪治国与依宪执政思想的理论贡献 ·········· 47

　第三节　习近平依宪治国与依宪执政思想的实践意义 ·········· 53

第三章　中国特色社会主义法律体系 ·················· 58

　第一节　中国特色社会主义法律体系的构成及分类 ·········· 58

　第二节　中国特色社会主义法律体系的基本特征 ·········· 59

　第三节　中国特色社会主义法律体系的基本内容 ·········· 61

　第四节　中国特色社会主义法律体系形成的重大意义 ·········· 64

第四章　宪法和宪法相关法 ·················· 66

　第一节　宪法概述 ·················· 66

　　以案释法06　党组织和党员必须在宪法和法律规定的范围内活动 ··· 68

　第二节　我国的基本政治经济制度 ·················· 69

　第三节　公民的基本权利和义务 ·················· 73

　　以案释法07　公民的教育权受宪法保护 ·············· 76

　第四节　国家机构的设置及功能 ·················· 77

　第五节　国家宪法日和宪法宣誓制度 ·················· 80

　第六节　国家安全法和全民国家安全教育 ·················· 82

    以案释法08　为境外人员非法提供国家秘密危害国家安全 ………… 90

  第七节　立法法修正解读 ……… 90

    以案释法09　法律规定出现冲突时如何适用 ………………… 95

第五章　"一带一路"战略概述 ………………………………… 97

  第一节　"一带一路"战略提出和推进 ………………………… 97

  第二节　"一带一路"战略的国际合作和国内比较优势 …………… 100

第六章　"一带一路"有关国内法律制度 …………………… 103

  第一节　公司法律制度 ………………………………………… 103

    以案释法10　有限责任公司股东不得以劳务出资 …………… 107

  第二节　合同法律制度 ………………………………………… 107

    以案释法11　承诺须与要约一致并在有效期内作出 ………… 109

  第三节　税收法律制度 ………………………………………… 114

    以案释法12　酒店偷税案 …………………………………… 117

  第四节　对外贸易法律制度 …………………………………… 117

第七章　"一带一路"国家有关政策指导 …………………… 127

  第一节　十三五规划纲要对"一带一路"的相关部署 ………… 127

  第二节　国务院有关推进国际产能和装备制造合作的指导意见 … 128

  第三节　境外投资管理办法 …………………………………… 133

第八章　"一带一路"进程中的境外政治风险防范 ………… 136

  第一节　中国企业"走出去"可能面临的风险 ………………… 136

  第二节　中国企业走出去的风险防范与保障措施 …………… 138

第九章　"一带一路"建设的司法服务和保障 ……………… 142

  第一节　提升"一带一路"建设的国际公信力 ………………… 142

  第二节　为"一带一路"建设营造良好的法治环境 …………… 144

  第三节　不断提高司法服务和保障"一带一路"的建设的能力与水平 … 146

附　录 ………………………………………………………… 147

  中共中央　国务院转发《中央宣传部、司法部关于在公民中开展法治宣传

    教育的第七个五年规划（2016—2020年）》的通知 ………… 147

  全国人民代表大会常务委员会关于开展第七个五年法治宣传教育的决议 … 155

第一章　全面推进依法治国战略

党的十八届四中全会通过的《关于全面推进依法治国若干重大问题的决定》，对加强中国特色社会主义法治体系建设，全面推进依法治国，加快建设社会主义法治国家，具有十分重要的现实意义。作为党政机关的领导干部要深刻领会全面推进依法治国战略的精髓，同时，也要对我国的宪法及行政法体系有一个全面的认识。2016年是国家"七五"普法规划的开局之年，作为各级党政机关的领导干部也要深入了解"七五"普法规划的内容与举措，扎实地做好"七五"普法的具体落实工作。

第一节　全面推进依法治国战略概述

为贯彻落实党的十八大作出的战略部署，加快建设社会主义法治国家，党的十八届四中全会作出了全面推进依法治国的重要决定。

我们党高度重视法治建设。长期以来，特别是党的十一届三中全会以来，十分注重总结国家社会主义法治建设的成功经验和深刻教训，提出为了保障人民民主，必须加强法治，必须使民主制度化、法律化，把依法治国确定为党领导人民治理国家的基本方略，把依法执政确定为党治国理政的基本方式，把依法行政作为政府行政权运行的基本原则，社会主义法治建设不断取得历史性成就。当前，我国正处于社会主义初级阶段，全面建成小康社会进入决定性阶段，改革进入攻坚期和深水区，国际形势复杂多变，我们党面对的改革发展稳定任务之重前所未有、矛盾风险挑战之多前所未有，

依法治国在党和国家工作全局中的地位更加突出、作用更加重大。正是在这样的关键时刻，党中央作出了全面推进依法治国的重大战略布局。深入了解依法治国方略的形成与发展过程，深刻领会全面推进依法治国的重大意义，系统把握全面推进依法治国必须坚持的基本原则，认真落实全面推进依法治国的总体要求，对进一步推进依法行政、建设法治政府具有重要意义。

一、全面推进依法治国的总目标

党的十八届四中全会通过的《中共中央关于全面推进依法治国若干重大问题的决定》明确提出全面推进依法治国的总目标，即建设中国特色社会主义法治体系，建设社会主义法治国家。习近平总书记指出："提出这个总目标，既明确了全面推进依法治国的性质和方向，又突出了全面推进依法治国的工作重点和总抓手。"

准确把握总目标，就要坚定不移地走中国特色社会主义法治道路。实践已经证明，中国特色社会主义法治道路是社会主义法治建设成就和经验的集中体现，是建设社会主义法治国家的唯一正确道路。现在，我们建设中国特色社会主义法治体系，建设社会主义法治国家，都是对中国特色社会主义法治道路的坚持和拓展。在这一根本性问题上，我们必须树立自信、保持定力，坚持走中国特色社会主义法治道路，去实现全面推进依法治国的总目标。

准确把握总目标，就要明确全面推进依法治国的总抓手。全面依法治国各项工作都要围绕总目标来部署和展开，其中涉及很多方面，在实际工作中必须有一个总揽全局、牵引各方的总抓手，这就是建设中国特色社会主义法治体系。法治体系是国家治理体系的骨干工程，也是社会主义法治建设的基础工程。只有加快形成完备的法律规范体系、高效的法治实施体系、严密的法治监督体系、有力的法治保障体系，形成完善的党内法规体系，才能不断为法治建设提供动力、激发活力，切实把全会部署落到实处。

准确把握总目标，就要深刻认识建设中国特色社会主义法治体系、建设社会主义法治国家的重大意义。"奉法者强则国强，奉法者弱则国弱"，我们正处于全面深化改革的攻坚时期、处于实现国家治理体系和治理能力现代化的关键阶段，只有在法治轨道上不断深化改革和推进现代化治理，才能在具有许多新的历史特点的伟大斗争中赢得新胜利，确保国家长治久安，不断开拓中国特色社会主义更加广阔的发展前景。

这个总目标对全面推进依法治国具有纲举目张的重大意义。

（一）明确了全面推进依法治国的正确方向

当今世界，由于各国历史、文化和发展道路的不同，存在着不同的法律制度模式和法治体系。我们党和国家提出这个总目标，就是要明确宣示，我们全面推进依法治国，将坚定不移建设中国特色社会主义法治体系、建设社会主义法治国家，就是要沿着中国特色社会主义法治道路前进。

坚持我国法治的社会主义性质，最根本的是坚持党的领导、坚持中国特色社会主义制度、坚持中国特色社会主义理论体系指导。明确这一根本性问题，有利于明确全面推进依法治国的根本目的和历史任务，有利于统一思想、凝聚全党全国各族人民在法治上的共识，排除和澄清各种模糊认识，保障依法治国沿着正确的方向推进。

（二）规划了全面推进依法治国的总体布局

全面推进依法治国是一个系统工程，涉及立法、执法、司法、守法等各个方面，涉及中国特色社会主义事业"五位一体"总体布局的各个领域，必须加强顶层设计、统筹谋划，在实际工作中必须有一个总揽全局、协调各方的总抓手，围绕这个总抓手来谋划和推进依法治国的各项工作。这个总抓手就是建设中国特色社会主义法治体系。

决定针对我国法治建设面临的突出矛盾和问题，体现推进各领域改革发展对提高法治水平的迫切要求，从法律规范体系、法治实施体系、法治监督体系、法治保障体系和党内法规体系等方面对法治体系建设提出目标要求，从依法治国、依法执政、依法行政共同推进和法治国家、法治政府、法治社会一体建设方面对法治中国建设作出战略部署和总体安排。

（三）反映了我们党治国理政思想的重大创新

随着党和国家事业不断发展，我们党对法治地位和作用的认识也在不断深化。"十年动乱"结束后，邓小平同志就深刻指出，制度问题更带有根本性、全局性、稳定性和长期性，为了保障人民民主，必须加强法制。为适应这一要求，党的十一届三中全会开启了民主法制建设的新征程。党的十五大确立了依法治国基本方略，党的十六大、十七大重申了这一方略。党的十六届四中全会将依法执政确立为新的历史条件下我们党执政的一个基本方式。党的十八大明确提出法治是治国理政的基本方式。党的十八届三中全会进一步强调建设法治中国。在这些历史性成就的基础上，党的十八届四中全会又根据新的实践和时代发展，与时俱进地提出了全面推进依法治国的总目标。总目标的提出，特别是中国特色社会主义法治体系的提出，不仅在党的历史上是第一次，在世界范围内也具有独创性，是党治国理政思想的重大创新，标志着我们党对法治发展规律、社会主义建设规律和共产党执政规律的认识达到了一个新的高度。

（四）体现了与全面深化改革总目标的内在联系

党的十八届三中全会确定了全面深化改革的总目标，这就是完善和发展中国特色社会主义制度、推进国家治理体系和治理能力现代化。治理一个国家、一个社会，关键是要立规矩、讲规矩、守规矩。法律是国家最大的规矩，法治是国家治理最基本的手段。提出全面推进依法治国总目标，就是考虑这个总目标与全面深化改革总目标的内在联系和相互衔接，在全面深化改革总体框架内全面推进依法治国各项工作，在法治轨道上不断深化改革，更好地发挥法治的引领和规范作用。建设中国特色社会主义法治体系，加快建设社会主义法治国家，本身就是全面深化改革的重要内容，而依法治国的全面推进，必将使中国特色社会主义制度更加完善、更加有效地推进国家治理体系和治理能力现代化。全面深化改革总目标和全面推进依法治国总目标，可以说是党的十八大作出的总体战略部署在时间轴上的顺序展开，全面深化改革、全面依法治国就像两个轮子一样协同驱动，为实现全面建成小康社会提供制度动力和保障。

二、全面推进依法治国的基本原则

全面推进依法治国是一个系统工程，是国家治理领域一场广泛而深刻的革命，需要付出长期艰苦努力，这一过程中，既要避免不作为，又要防范乱作为。为此，党的十八届四中全会明确提出，全面推进依法治国必须要坚持的基本原则，即坚持中国共产党的领导、坚持人民主体地位、坚持法律面前人人平等、坚持依法治国和以德治国相结合、坚持从中国实际出发。

（一）党的领导原则

党的领导是中国特色社会主义最本质的特征，是社会主义法治最根本的保证。把党的领导贯彻到依法治国全过程和各方面，是我国社会主义法治建设的一条基本经验。我国宪法确立了中国共产党的领导地位。坚持党的领导，是社会主义法治的根本要求，是党和国家的根本所在、命脉所在，是全国各族人民的利益所系、幸福所系。党的领导和社会主义法治是一致的，社会主义法治必须坚持党的领导，党的领导必须依靠社会主义法治。只有在党的领导下依法治国、厉行法治，人民当家作主才能充分实现，国家和社会生活法治化才能有序推进。依法执政，既要求党依宪依法治国理政，也要求党依据党内法规管党治党。

实践证明，只有把依法治国基本方略的贯彻实施同依法执政的基本方式统一起来，把党领导立法、保证执法、支持司法、带头守法统一起来，把党总揽全局、协调各方同人大、政府、政协、审判机关、检察机关依法依章程履行职能、开展工作统一起来，把党领导人民制定和实施宪法法律同党坚持在宪法法律范围内活动统一起来，才能确保法治中国的建设有序推进、深入开展。

（二）人民主体原则

在我国，人民是依法治国的主体和力量源泉，法治建设以保障人民根本权益为出发点和落脚点。法治建设的宗旨是为了人民、依靠人民、保护人民、造福人民。因此，全面推进依法治国，必须要保证人民依法享有广泛的权利和自由、承担应尽的义务，维护社会公平正义，促进共同富裕。

全面推进依法治国，就是为了更好地实现人民在党的领导下，依照法律规定，通过各种途径和形式管理国家事务，管理经济文化事业，管理社会事务。法律既是保障公民权利的有力武器，也是全体公民必须一致遵循的行为规范，因此全面推行依法治国，必须要坚持人民主体原则，切实增强全社会学法尊法守法用法意识，使法律为人民所掌握、所遵守、所运用。

（三）法律面前人人平等原则

平等是社会主义法律的基本属性。法律面前人人平等要求任何组织和个人都必须尊重宪法法律权威，都必须在宪法法律范围内活动，都必须依照宪法法律行使权力或权利、履行职责或义务，都不得有超越宪法法律的特权。全面推行依法治国，必须维护国家法制统一、尊严和权威，切实保证宪法法律有效实施，任何人都不得以任何借口任何形式以言代法、以权压法、徇私枉法。必须规范和约束公权力，加大监督力度，做到有权必有责、用权受监督、违法必追究，坚决纠正有法不依、执法不严、违法不究行为。

（四）依法治国和以德治国相结合原则

法律和道德同为社会行为规范，在支撑社会交往、维护社会稳定、促进社会发展方面发挥着各自不同的且不可替代的交互作用。全面推进依法治国，既要重视发挥法律的规范作用，又要重视发挥道德的教化作用，要坚持一手抓法治、一手抓德治，大力弘扬社会主义核心价值观，弘扬中华传统美德，培育社会公德、职业道德、家庭美德、个人品德。法治要体现道德理念、强化对道德建设的促进作用，道德要滋养法治精神、强化对法治文化的支撑作用，以实现法律和道德相辅相成、法治和德治相得益彰。

（五）从中国实际出发原则

全面推进依法治国是中国特色社会主义道路、理论、制度实践的必然选择。建设法治中国，必须要从我国基本国情出发，同改革开放不断深化相适应，总结和运用党领导人民实行法治的成功经验，围绕社会主义法治建设重大理论和实践问题，深入开展法治建设，推进法治理论创新。

三、全面推进依法治国的具体要求

十八届四中全会是我党历史上第一次通过全会的形式专题研究部署全面推进依法治国问题。全会在对全面推进依法治国的重要意义、重大作用、指导思想和基本原则作了系统阐述的基础上，站在总揽全局、协调各方的高度，对全面推进依法治国进程中的人大、政府、政协、审判、检察等各项工作提出了工作要求。

（一）加强立法工作，完善中国特色社会主义法律体系建设和以宪法为核心的法律制度实施

1. 建设中国特色社会主义法治体系必须坚持立法先行

立法是实现法治的前提，要充分发挥立法的引领和推动作用，抓住提高立法质量这个关键。立法工作要恪守以民为本、立法为民理念，贯彻社会主义核心价值观，要符合宪法精神、反映人民意志、得到人民拥护。要把公正、公平、公开原则贯穿立法全过程，完善立法体制机制，坚持立改废释并举，增强法律法规的及时性、系统性、针对性、有效性。坚持依法治国首先要坚持依宪治国、坚持依宪执政。一切违反宪法的行为都必须予以追究和纠正。加强备案审查制度和能力建设，依法撤销和纠正违宪违法的规范性文件，禁止地方制发带有立法性质的文件。每年12月4日定为国家宪法日。在全社会普遍开展宪法教育，弘扬宪法精神。建立宪法宣誓制度，凡经人大及其常委会选举或者决定任命的国家工作人员正式就职时公开向宪法宣誓。

2. 完善党对立法工作中重大问题决策的程序

凡立法涉及重大体制和重大政策调整的，必须报党中央讨论决定。党中央向全国人大提出宪法修改建议，依照宪法规定的程序进行宪法修改。法律制定和修改的重大问题由全国人大常委会党组向党中央报告。

健全有立法权的人大主导立法工作的体制机制。建立由全国人大相关专门委员会、全国人大常委会法制工作委员会组织有关部门参与起草综合性、全局性、基础性等重要法律草案制度。增加有法治实践经验的专职常委比例。依法建立健全专门委员会、工作委员会立法专家顾问制度。

加强和改进政府立法制度建设，完善行政法规、规章制定程序，完善公众参与政府立法机制。重要行政管理法律法规由政府法制机构组织起草。

明确立法权力边界，从体制机制和工作程序上有效防止部门利益和地方保护主义法律化。对部门间争议较大的重要立法事项，由决策机关引入第三方评估，充分听取各方意见，协调决定。加强法律解释工作，及时明确法律规定含义和适用法律依据。明确地方立法权限和范围，依法赋予设区的市地方立法权。

3. 深入推进科学立法、民主立法

加强人大对立法工作的组织协调，健全立法起草、论证、协调、审议机制，健全向下级人大征询立法意见机制，建立基层立法联系点制度，推进立法精细化。健全法律法规规章起草征求人大代表意见制度，更多发挥人大代表参与起草和修改法律作用。完善立法项目征集和论证制度。

法制完备

中国特色社会主义法律体系形成

健全立法机关主导、社会各方有序参与立法的途径和方式。探索委托第三方起草法律法规草案。

健全立法机关和社会公众沟通机制，开展立法协商，充分发挥政协委员、民主党派、工商联、无党派人士、人民团体、社会组织在立法协商中的作用，探索建立有关国家机关、社会团体、专家学者等对立法中涉及的重大利益调整论证咨询机制。拓宽公民有序参与立法途径，健全法律法规规章草案公开征求意见和公众意见采纳情况反馈机制，广泛凝聚社会共识。

4.加强重点领域立法

依法保障公民权利，加快完善体现权利公平、机会公平、规则公平的法律制度，保障公民人身权、财产权、基本政治权利等各项权利不受侵犯，保障公民经济、文化、社会等各方面权利得到落实，实现公民权利保障法治化。增强全社会尊重和保障人权意识，健全公民权利救济渠道和方式。

以保护产权、维护契约、统一市场、平等交换、公平竞争、有效监管为基本导向，完善社会主义市场经济法律制度。加强对各种所有制经济组织和自然人财产权的保护，清理有违公平的法律法规条款。加强对国有、集体资产所有权、经营权和各类企业法人财产权的保护。企业有权拒绝任何组织和个人无法律依据的要求。

加快推进反腐败国家立法，完善惩治和预防腐败体系，形成不敢腐、不能腐、不想腐的有效机制，坚决遏制和预防腐败现象。完善惩治贪污贿赂犯罪法律制度，把贿赂犯罪对象由财物扩大为财物和其他财产性利益。

加快保障和改善民生、推进社会治理体制创新法律制度建设。依法加强和规范公共服务，完善教育、就业、收入分配、社会保障、医疗卫生、食品安全、扶贫、慈善、社会救助和妇女儿童、老年人、残疾人合法权益保护等方面的法律法规。加强社会组织立法，规范和引导各类社会组织健康发展。制定社区矫正法。

用严格的法律制度保护生态环境，加快建立有效约束开发行为和促进绿色发展、循环发展、低碳发展的生态文明法律制度，强化生产者环境保护的法律责任，大幅度提高违法成本。建立健全自然资源产权法律制度，完善国土空间开发保护方面的法律制度，制定完善生态补偿和土壤、水、大气污染防治及海洋生态环境保护等法律法规，促进生态文明建设。

实现立法和改革决策相衔接，做到重大改革于法有据、立法主动适应改革和经济社会发展需要。

（二）深入推进依法行政，加快建设法治政府

各级政府必须坚持在党的领导下、在法治轨道上开展工作，创新执法体制，完善执法程序，推进综合执法，严格执法责任，建立权责统一、权威高效的依法行政体制，加快建设职能科学、权责法定、执法严明、公开公正、廉洁高效、守法诚信

的法治政府。

1.依法全面履行政府职能

完善行政组织和行政程序法律制度，推进机构、职能、权限、程序、责任法定化。行政机关要坚持法定职责必须为、法无授权不可为，勇于负责、敢于担当，坚决纠正不作为、乱作为，坚决克服懒政、怠政，坚决惩处失职、渎职。行政机关不得法外设定权力，没有法律法规依据不得作出减损公民、法人和其他组织合法权益或者增加其义务的决定。

2.健全依法决策机制

把公众参与、专家论证、风险评估、合法性审查、集体讨论决定确定为重大行政决策法定程序，确保决策制度科学、程序正当、过程公开、责任明确。

建立重大决策终身责任追究制度及责任倒查机制，对决策严重失误或者依法应该及时作出决策但久拖不决造成重大损失、恶劣影响的，严格追究行政首长、负有责任的其他领导人员和相关责任人员的法律责任。

3.深化行政执法体制改革

根据不同层级政府的事权和职能，按照减少层次、整合队伍、提高效率的原则，合理配置执法力量。

推进综合执法，大幅减少市县两级政府执法队伍种类，重点在食品药品安全、工商质检、公共卫生、安全生产、文化旅游、资源环境、农林水利、交通运输、城乡建设、海洋渔业等领域内推行综合执法，有条件的领域可以推行跨部门综合执法。

严格实行行政执法人员持证上岗和资格管理制度，未经执法资格考试合格，不得授予执法资格，不得从事执法活动。严格执行罚缴分离和收支两条线管理制度，严禁收费罚没收入同部门利益直接或者变相挂钩。

4.坚持严格规范公正文明执法

依法惩处各类违法行为，加大关系群众切身利益的重点领域执法力度。完善执法程序，建立执法全过程记录制度。明确具体操作流程，重点规范行政许可、行政处罚、行政强制、行政征收、行政收费、行政检查等执法行为。严格执行重大执法决定法制审核制度。

全面落实行政执法责任制，严格确定不同部门及机构、岗位执法人员执法责任和责任追究机制，加强执法监督，坚决排除对执法活动的干预，防止和克服地方和部门保护主义，惩治执法腐败现象。

5.强化对行政权力的制约和监督

加强党内监督、人大监督、民主监督、行政监督、司法监督、审计监督、社会监督、舆论监督制度建设，努力形成科学有效的权力运行制约和监督体系，增强监督合力和实效。

加强对政府内部权力的制约，对财政资金分配使用、国有资产监管、政府投资、政府采购、公共资源转让、公共工程建设等权力集中的部门和岗位实行分事行权、分岗设权、分级授权，定期轮岗，强化内部流程控制，防止权力滥用。改进上级机关对下级机关的监督，建立常态化监督制度。完善纠错问责机制，健全责令公开道歉、停职检查、引咎辞职、责令辞职、罢免等问责方式和程序。

完善审计制度，保障依法独立行使审计监督权。对公共资金、国有资产、国有资源和领导干部履行经济责任情况实行审计全覆盖。

6. 全面推进政务公开

坚持以公开为常态、不公开为例外原则，推进决策公开、执行公开、管理公开、服务公开、结果公开。各级政府及其工作部门依据权力清单，向社会全面公开政府职能、法律依据、实施主体、职责权限、管理流程、监督方式等事项。重点推进财政预算、公共资源配置、重大建设项目批准和实施、社会公益事业建设等领域的政府信息公开。

涉及公民、法人或其他组织权利和义务的规范性文件，按照政府信息公开要求和程序予以公布。推行行政执法公示制度。推进政务公开信息化，加强互联网政务信息数据服务平台和便民服务平台建设。

（三）保证公正司法，提高司法公信力

必须完善司法管理体制和司法权力运行机制，规范司法行为，加强对司法活动的监督，努力让人民群众在每一个司法案件中感受到公平正义。

1. 完善确保依法独立公正行使审判权和检察权的制度

建立领导干部非法干预司法活动、插手具体案件处理的记录、通报和责任追究制度。任何党政机关和领导干部都不得让司法机关做违反法定职责、有碍司法公正的事情，任何司法机关都不得执行党政机关和领导干部违法干预司法活动的要求。对干预司法机关办案的，给予党纪政纪处分；造成冤假错案或者其他严重后果的，依法追究刑事责任。

健全行政机关依法出庭应诉、支持法院受理行政案件、尊重并执行法院生效裁判的制度。完善惩戒妨碍司法机关依法行使职权、拒不执行生效裁判和决定、藐视法庭权威等违法犯罪行为的法律规定。

建立健全司法人员履行法定职责保护机制。非因法定事由，非经法定程序，不得将法官、检察官调离、辞退或者作出免职、降级等处分。

2. 优化司法职权配置

健全公安机关、检察机关、审判机关、司法行政机关各司其职，侦查权、检察权、审判权、执行权相互配合、相互制约的体制机制。

完善司法体制，推动实行审判权和执行权相分离的体制改革试点。完善刑罚执行制度，统一刑罚执行体制。改革司法机关人财物管理体制，探索实行法院、检察院司法行政事务管理权和审判权、检察权相分离。

最高人民法院设立巡回法庭，审理跨行政区域重大行政和民商事案件。探索设立跨行政区划的人民法院和人民检察院，办理跨地区案件。完善行政诉讼体制机制，合理调整行政诉讼案件管辖制度，切实解决行政诉讼立案难、审理难、执行难等突出问题。

对人民法院依法应该受理的案件，做到有案必立、有诉必理，保障当事人诉权。加大对虚假诉讼、恶意诉讼、无理缠诉行为的惩治力度。完善刑事诉讼中认罪认罚从宽制度。

完善审级制度，一审重在解决事实认定和法律适用，二审重在解决事实法律争议、实现二审终审，再审重在解决依法纠错、维护裁判权威。完善对涉及公民人身、财产权益的行政强制措施实行司法监督制度。

司法机关内部人员不得违反规定干预其他人员正在办理的案件，建立司法机关内部人员过问案件的记录制度和责任追究制度。完善主审法官、合议庭、主任检察官、主办侦查员办案责任制，落实谁办案谁负责。

加强职务犯罪线索管理，健全受理、分流、查办、信息反馈制度，明确纪检监察和刑事司法办案标准和程序衔接，依法严格查办职务犯罪案件。

3. 推进严格司法

健全事实认定符合客观真相、办案结果符合实体公正、办案过程符合程序公正的法律制度。加强和规范司法解释和案例指导，统一法律适用标准。

全面贯彻证据裁判规则，严格依法收集、固定、保存、审查、运用证据，完善证人、鉴定人出庭制度，保证庭审在查明事实、认定证据、保护诉权、公正裁判中发挥决定性作用。

明确各类司法人员工作职责、工作流程、工作标准，实行办案质量终身负责制和错案责任倒查问责制，确保案件处理经得起法律和历史检验。

4. 保障人民群众参与司法

坚持人民司法为人民，依靠人民推进公正司法，通过公正司法维护人民权益。在司法调解、司法听证、涉诉信访等司法活动中保障人民群众参与。

构建开放、动态、透明、便民的阳光司法机制，推进审判公开、检务公开、警务公开、狱务公开，依法及时公开执法司法依据、程序、流程、结果和生效法律文书，杜绝暗箱操作。

5. 加强人权司法保障

强化诉讼过程中当事人和其他诉讼参与人的知情权、陈述权、辩护辩论权、申请权、申诉权的制度保障。健全落实罪刑法定、疑罪从无、非法证据排除等法律原则的法律制度。完善对限制人身自由司法措施和侦查手段的司法监督，加强对刑讯逼供和非法取证的源头预防，健全冤假错案有效防范、及时纠正机制。

切实解决执行难，制定强制执行法，规范查封、扣押、冻结、处理涉案财物的司法程序。加快建立失信被执行人信用监督、威慑和惩戒法律制度。依法保障胜诉当事人及时实现权益。

落实终审和诉讼终结制度，实行诉访分离，保障当事人依法行使申诉权利。对不服司法机关生效裁判、决定的申诉，逐步实行由律师代理制度。对聘不起律师的申诉人，纳入法律援助范围。

6. 加强对司法活动的监督

完善检察机关行使监督权的法律制度，加强对刑事诉讼、民事诉讼、行政诉讼的法律监督。完善人民监督员制度，重点监督检察机关查办职务犯罪的立案、羁押、扣押冻结财物、起诉等环节的执法活动。

依法规范司法人员与当事人、律师、特殊关系人、中介组织的接触、交往行为。严禁司法人员私下接触当事人及律师、泄露或者为其打探案情、接受吃请或者收受其财物、为律师介绍代理和辩护业务等违法违纪行为，坚决惩治司法掮客行为，防止利益输送。

对因违法违纪被开除公职的司法人员、吊销执业证书的律师和公证员，终身禁止从事法律职业，构成犯罪的要依法追究刑事责任。

（四）增强全民法治观念，推进法治社会建设

弘扬社会主义法治精神，建设社会主义法治文化，增强全社会厉行法治的积极性和主动性，形成守法光荣、违法可耻的社会氛围，使全体人民都成为社会主义法治的忠实崇尚者、自觉遵守者、坚定捍卫者。

1. 推动全社会树立法治意识

坚持把全民普法和守法作为依法治国的长期基础性工作，深入开展法治宣传教育，引导全民自觉守法、遇事找法、解决问题靠法。坚持把领导干部带头学法、模范守法作为树立法治意识的关键，完善国家工作人员学法用法制度，把宪法法律列入党委（党组）中心组学习内容，列为党校、行政学院、干部学院、社会主义学院必修课。把法治教育纳入国民教育体系，从青少年抓起，在中小学设立法治知识课程。

健全普法宣传教育机制，各级党委和政府要加强对普法工作的领导，宣传、文化、教育部门和人民团体要在普法教育中发挥职能作用。实行国家机关"谁执法谁普法"的普法责任制，建立法官、检察官、行政执法人员、律师等以案释法制度。把法治教育纳入精神文明创建内容，开展群众性法治文化活动，健全媒体公益普法制度，加强新媒体新技术在普法中的运用，提高普法实效。

加强社会诚信建设，健全公民和组织守法信用记录，完善守法诚信行为褒奖机制和违法失信行为惩戒机制，使尊法守法成为全体人民共同追求和自觉行动。

加强公民道德建设，弘扬中华优秀传统文化，增强法治的道德底蕴，强化规则意识，倡导契约精神，弘扬公序良俗。发挥法治在解决道德领域突出问题中的作用，引导人们自觉履行法定义务、社会责任、家庭责任。

2. 推进多层次多领域依法治理

深入开展多层次多形式法治创建活动，深化基层组织和部门、行业依法治理，支持各类社会主体自我约束、自我管理。发挥市民公约、乡规民约、行业规章、团体章程等社会规范在社会治理中的积极作用。

建立健全社会组织参与社会事务、维护公共利益、救助困难群众、帮教特殊人群、预防违法犯罪的机制和制度化渠道。发挥社会组织对其成员的行为导引、规则约束、权益维护作用。

3. 建设完备的法律服务体系

完善法律援助制度，扩大援助范围，健全司法救助体系，保证人民群众在遇到法律问题或者权利受到侵害时获得及时有效法律帮助。

4. 健全依法维权和化解纠纷机制

强化法律在维护群众权益、化解社会矛盾中的权威地位，引导和支持人们理性表达诉求、依法维护权益。

建立健全社会矛盾预警机制、利益表达机制、协商沟通机制、救济救助机制，畅通群众利益协调、权益保障法律渠道。把信访纳入法治化轨道，保障合理合法诉求依照法律规定和程序就能得到合理合法的结果。

健全社会矛盾纠纷预防化解机制，完善调解、仲裁、行政裁决、行政复议、诉讼等有机衔接、相互协调的多元化纠纷解决机制。

完善立体化社会治安防控体系，有效防范化解管控影响社会安定的问题，保障人民生命财产安全。依法严厉打击暴力恐怖、涉黑犯罪、邪教和黄赌毒等违法犯罪活动，绝不允许其形成气候。依法强化危害食品药品安全、影响安全生产、损害生态环境、破坏网络安全等重点问题治理。

此外，十八届四中全会还就法治工作队伍建设、党对全面推进依法治国的领导等重大问题提出了加强和改进要求。

以案释法 01

让人民群众在司法案件中感受到公平正义

【案情介绍】欠债还钱，天经地义，支付罚息，也理所应当。但是，银行却在本金、罚息之外，另收"滞纳金"，并且还是按复利计算，结果经常导致"滞纳金"远高于本金，成了实际上的"驴打滚"。中国银行某高新技术产业开发区支行起诉信用卡欠费人沙女士，请求人民法院依法判令沙女士归还信用卡欠款共计375079.3元（包含本金339659.66元及利息、滞纳金共计35419.64元）。银行按每日万分之五的利率计算的利息，以及每个月高达5%的滞纳金，这就相当于年利率高达78%。受理本案的人民法院认为，根据合同法、商业银行法，我国的贷款利率是受法律限制的，最高人民法院在关于民间借贷的司法解释中明确规定：最高年利率不得超过24%，否则就算"高利贷"，不受法律保护。但问题在于，最高法的司法解释针对的是"民间高利贷"，而原告是根据中国人民银行的《银行卡业务管理办法》收取滞纳金的，该如何审理？

【以案释法】在我国社会主义法律体系中，宪法是国家的根本大法，处于最高位阶，一切法律、行政法规、司法解释、地方性法规和规章、自治条例和单行条例都不得与宪法精神相违背。依法治国首先是必须依宪治国。十八届四中全会重申了宪法第五条关于"一切违反宪法和法律的行为，必须予以追究"的原则，强调要"努力让人民群众在每一个司法案件中感受到公平正义"。此案中，法官引述了宪法第三十三条第二款规定："中华人民共和国公民在法律面前一律平等。"法官认为："平等意味着对等待遇，除非存在差别对待的理由和依据。一方面，国家以贷款政策限制民间借款形成高利；另一方面，在信用卡借贷领域又形成超越民间借贷限制一倍或者几倍的利息。这显然极可能形成一种'只准州官放火，不许百姓点灯'的外在不良观感。"法官从宪法"平等权"等多个层面，提出应对法律作系统性解释，认为"商业银行错误将相关职能部门的规定作为自身高利、高息的依据，这有违于合同法及商业银行法的规定"，从而最终驳回了银行有关滞纳金的诉讼请求，仅在本金339659.66元、年利率24%的限度内予以支持。

第二节　宪法及行政法相关规定

一、宪法相关规定

我国现行宪法于1982年12月4日五届全国人大五次会议通过，后经过四次修正。作为国家的根本法和治国安邦的总章程，现行宪法集中反映了我国各族人民长期奋斗的成果，规定了国家的性质和根本制度，国家的根本任务，国家的政治制度、基本经济制度，公民的基本权利和义务，国家机关的组织与职权，国家的标志等国家生活中的根本问题，具有最大的权威和最高的法律效力，在中国特色社会主义法律体系中居核心地位。

我国现行宪法的主要内容包括：

（一）指导思想和基本原则

宪法的指导思想是指导宪法制定和实施的思想基础和理论依据，宪法的基本原则是对宪法制定和实施发挥具体规范效力的规则。宪法的基本原则以宪法的指导思想为理论依据，同时又将宪法指导思想的核心价值和基本要求具体化、规范化，进而在宪法制定和实施中发挥规范指导作用。

我国宪法的指导思想是马克思列宁主义、毛泽东思想、中国特色社会主义理论体系。它是全国各族人民团结奋斗的共同思想基础，是党的主张和人民意志的有机统一，是制定、修改和实施宪法的根本依据。

我国宪法的基本原则包括：坚持中共共产党的领导原则、一切权力属于人民原则、尊重和保障人权原则、民主集中制原则、权力监督与制约原则、法治原则等。

（二）国家性质与政权组织形式

我国的国家性质是工人阶级领导的、以工农联盟为基础的人民民主专政的社会主义国家。

我国国家政权组织形式是人民代表大会制度。人民代表大会制度是我国人民当家作主的根本途径和最高实现形式，是我国的根本政治制度。

（三）国家基本制度

我国国家的基本制度包括经济、政治、文化和社会四大制度体系。

1.经济制度

经济制度是指通过宪法和法律确认和调整的，社会发展到一定历史阶段时占主导地位的生产关系以及在此基础上建立的各种经济关系的总和。根据宪法规定，社会主义公有制是我国经济制度的基础，全民所有制和劳动群众集体所有制是法定的两种公有制形式；我国在社会主义初级阶段，以公有制为主体、多种所有制经济共同发展为基本经济制度；我国在社会主义初级阶段，实行以按劳分配为主体、多种分配方式并存的分配制度。

公有制为主体的所有制结构和按劳分配为主体的分配制度，决定了我国经济体制的社会主义属性；以市场为资源配置的主要方式，标志着我国经济体制属于市场经济。

2.政治制度

政治制度是指特定社会中通过组织政权实现政治统治的原则和规则的总和，包括国家政权的组织形式、国家结构形式、政党制度等。

（1）人民代表大会制度是国家的根本政治制度，基本内容包括：国家的一切权

力属于人民；人民行使国家权力的机关是全国人大和地方各级人大；全国人大和地方各级人大都由民主选举产生，对人民负责，受人民监督；国家行政机关、审判机关、检察机关都由人大产生，对它负责、受它监督；中央和地方国家机构的职权划分，遵循在中央的统一领导下，充分发挥地方的主动性、积极性的原则。

（2）中国共产党领导的多党合作和政治协商制度是我国的基本政治制度。战争年代，中国共产党同各民主党派、无党派爱国人士亲密合作，结成广泛的爱国统一战线，为实现中国的和平、民主而共同奋斗。1949年9月，中国人民政治协商会议第一届全体会议召开，标志着中国共产党领导的多党合作和政治协商制度正式确立。在我国，中国共产党是为宪法所确认的执政党，中国革命党革命委员会、中国民主同盟、中国民主建国会、中国民主促进会、中国农工民主党、中国致公党、九三学社、台湾民主自治同盟等八个民主党派为参政党。随着多党合作、政治协商制度的不断发展完善，中国共产党同各民主党派的关系由"长期共存、相互监督"发展成"长期共存、相互监督、肝胆相照、荣辱与共"，中国共产党领导的多党合作、政治协商制度在国家政治生活中，通过政治协商、民主监督、参政议政等不同形式，发挥着不可替代的重要作用。

（3）民族区域自治制度是在国家统一领导下，各少数民族聚居的地方实行区域自治，设立自治机关，行使自治权的制度，是我国的一项基本政治制度。民族区域自治制度的实行，保障了各少数民族当家作主的权利，促进了民族关系的巩固与发展，维护了国家的统一，促进了民族地区经济、政治、文化、社会等各项事业的发展。

（4）基层群众自治制度是根据宪法和法律的规定，由居民（村民）选举的成员组成城市居民委员会或农村村民委员会。居民（村民）委员会实行自我管理、自我教育、自我服务、自我监督的制度，是我国的一项基本政治制度。基层群众自治组织不属于国家政权组织形式，而是具有自治性质的社会组织，在基层政权或其派出机关的指导下进行工作，主要从事办理本居住地区的社区公共事务和公益事业，调解民间纠纷，协助维护社会治安，向人民政府反映群众的意见、建议和要求等。

3. 文化制度

我国宪法对文化制度的规定，主要体现在对社会主义精神文明建设、社会主义文化制度的重要原则和内容的规定上。具体内容包括：

（1）坚持马克思主义在意识形态领域的指导地位。宪法明确规定了马克思列宁主义、毛泽东思想和中国特色社会主义理论在国家生活中的指导地位，为我国的文化制度建设指明了方向。

（2）加强思想道德建设。包括开展理想教育、道德教育、文化教育、纪律教育和法治教育。

（3）加强科学文化体育建设。包括发展科学事业、发展文化和体育事业，保障公民进行文化自由的活动。

（4）加强人才培养。包括培养为社会主义服务的各种专业人才，扩大知识分子的队伍，创造条件，充分发挥他们在社会主义现代化建设中的作用。

4. 社会制度

我国宪法对社会制度建设的规定，主要包括劳动就业、教育、医疗卫生、社会保障等方面的内容。

（1）劳动就业制度。国家实行各尽所能、按劳分配，男女同工同酬的劳动分配制度；通过各种途径，创造劳动就业条件，加强劳动保护，改善劳动条件，并在发展生产的基础上，提高劳动报酬和福利待遇；通过提高劳动者的积极性和技术水平，推广先进的科学技术，完善经济管理体制和企业经营管理制度，实行各种形式的社会主义责任制，改进劳动组织，以不断提高劳动生产率和经济效益，发展社会生产力；保障各种所有制经济组织依法自主经营，享有独立进行经济活动的自主权。

（2）教育制度。国家发展社会主义教育事业，提高全国人民的科学文化水平；举办各种教育，普及初等义务教育，发展学前教育、中等教育、职业教育和高等教育；发展各种教育设施，扫除文盲，对工人、农民、国家工作人员和其他劳动者进行政治、文化、科学、技术、业务的教育，鼓励自学成才；鼓励集体经济组织、国家企业事业组织和其他社会力量依照法律规定举办各种教育事业，帮助安排盲、聋、哑和其他有残疾的公民的教育。培养青年、少年、儿童在品德、智力、体质等方面全面发展；任何人不得利用宗教进行妨碍国家教育制度的活动。

（3）医疗卫生制度。国家发展医疗卫生事业，发展现代医药和我国传统医药，鼓励和支持农村集体经济组织、国家企业事业组织和街道组织举办各种医疗卫生设施，开展群众性的卫生活动，保护人民健康。

（4）保障制度。国家建立健全同经济发展水平相适应的社会保障制度；依照法律规定实行企业事业组织的职工和国家机关工作人员的退休制度；中国公民在年老、疾病或者丧失劳动能力的情况下，有从国家和社会获得物质帮助的权利。国家发展为公民享受这些权利所需要的社会保险、社会救济事业；国家和社会保障残废军人的生活，抚恤烈士家属，优待军人家属。帮助安排盲、聋、哑和其他有残疾的公民的劳动、生活和教育。

（四）公民的基本权利与义务

权利是指一定法律关系中，一方对另一方所享有的可以要求作为或不作为的一种资格。义务是指法定的公民必须履行的某种责任。一般而言，权利义务具有相一致性，享有一定的权利必须履行一定的义务。

1. 公民的基本权利

宪法规定的我国公民基本权利包括平等权、政治权利、宗教信仰自由、人身自由、社会经济权利、文化教育权利、监督权与请求权。

（1）平等权。宪法明确规定，凡具有中华人民共和国国籍的人都是中华人民共和国公民（主体资格）。中华人民共和国公民在法律面前一律平等（基本内容）。国家尊重和保障人权（人权保护）。任何公民享有宪法和法律规定的权利，同时必须履行宪法和法律规定的义务（权利义务的关系）。

（2）政治权利。指公民有参与国家政治生活的权利和自由。具体包括选举权与被选举权；法律范围内的言论、出版、结社、集会、游行、示威的自由。

（3）宗教信仰自由。中国公民有宗教信仰自由。任何国家机关、社会团体和个人不得强制公民信仰宗教或者不信仰宗教，不得歧视信仰宗教的公民和不信仰宗教的公民。

（4）人身自由、生命权受法律保护。人身自由、人格尊严（姓名权、肖像权、名誉权、荣誉权、隐私权）不受侵犯，住宅不受侵犯，通信自由与通信秘密受法律保护。

（5）社会经济权利。财产权（公民的合法私有财产不受侵犯，国家依照法律规定保护公民的私有财产权和继承权）、劳动权（中国公民有劳动的权利和义务）、休息权（中国劳动者有休息的权利）、社会保障权（退休人员的生活受到国家和社会的保障，国家为年老、疾病或者丧失劳动能力的中国公民提供物质帮助）依法受到保护。

（6）文化教育权利。中国公民依法享有按照能力接受教育、享受教育机会平等的权利；享有科学研究、文学艺术创作和进行其他文化活动的自由。

（7）监督权。中国公民依法享有监督国家机关及其工作人员活动的权利。宪法明确规定，中华人民共和国公民对于任何国家机关和国家工作人员，有提出批评和建议的权利；对于任何国家机关和国家工作人员的违法失职行为，有向有关国家机关提出申诉、控告或者检举的权利，但是不得捏造或者歪曲事实进行诬告陷害。对于公民的申诉、控告或者检举，有关国家机关必须查清事实，负责处理，任何人不得压制和打击报复。由于国家机关和国家工作人员侵犯公民权利而受到损失的人，有依照法律规定取得赔偿的权利。

2. 公民的基本义务

我国宪法对公民的基本义务规定主要包括维护国家统一与民族团结，遵守宪法和法律，维护祖国安全、荣誉和利益，依法服兵役，依法纳税和宪法法律规定的公民其他义务。具体内容包括：

（1）维护国家统一与民族团结。宪法明确规定，中国公民有维护国家统一和全国各民族团结的义务。

（2）遵守宪法和法律。根据宪法规定，中国公民必须遵守宪法和法律，保守国家秘密，爱护公共财产，遵守劳动纪律，遵守公共秩序，尊重社会公德。

（3）维护祖国安全、荣誉和利益。宪法规定，中国公民有维护祖国的安全、荣誉和利益的义务，不得有危害祖国的安全、荣誉和利益的行为。

（4）依法服兵役。宪法规定，保卫祖国、抵抗侵略是中华人民共和国每一个公民的神圣职责。依照法律服兵役和参加民兵组织是中华人民共和国公民的光荣义务。

（5）依法纳税。宪法规定，中国公民有依照法律纳税的义务。

（6）宪法规定的公民其他义务。包括宪法规定的受教育的义务、夫妻双方计划生育的义务、父母抚养教育未成年子女的义务、成年子女赡养扶助父母的义务等。

（五）国家机构

规范国家权力，确保国家机构按照宪法规定的原则、方式和程序运作，是宪法的一项重要功能。国家机构是为实现国家职能而建立起来的全部国家机关的集合体，国家机关是国家机构中的具体单位。我国的国家机构包括全国人民代表大会及其常务委员会、国家主席、国务院、中央军委、地方各级人民代表大会和地方各级人民政府、民族自治地方的自治机关、人民法院和人民检察院、特别行政区行政机关。根据宪法规定，我国国家机构的组织和活动原则为民主集中制原则、为人民服务原则、责权统一原则和精简原则。

1. 全国人民代表大会及其常务委员会

根据宪法规定，全国人民代表大会是最高国家权力机关，全国人民代表大会常务委员会是全国人民代表大会的常设机关，对全国人民代表大会负责并报告工作。

（1）全国人民代表大会。全国人民代表大会由省、自治区、直辖市、特别行政区和军队选出的代表组成。代表名额不超过3000人。各少数民族都有适当名额的代表；全国人民代表大会每届任期五年。根据宪法规定，全国人民代表大会的法定职权共六大方面、十五项，包括修改宪法和监督宪法实施的权力，制定和修改基本法律的权力，选举、决定和罢免中央国家机关组成人员的权力，决定国家重大事项的权力，应当由最高国家权力机关行使的其他权力。全国人民代表大会目前设有民族委员会、法律委员会、内务司法委员会、财政经济委员会、教育科学文化卫生委员会、外事委员会、华侨委员会、环境与资源保护委员会、农业与农村委员会，主要任务是在全国人民代表大会及其常务委员会的领导下，研究、审议、拟订有关议案。

（2）全国人民代表大会常务委员会。全国人民代表大会常务委员会由委员长、副委员长若干人、秘书长、委员若干人组成。根据宪法法律的规定，全国人民代表大会常务委员会的职责主要有七大方面二十一项，除解释宪法，监督宪法的实施外，还包括立法、释法、监督、决定、任免，以及全国人民代表大会授予的其他职权。全国人民代表大会常务委员会设有办公厅，在秘书长领导下工作；还设有代表资格审查委员会、法制工作委员会、预算工作委员会、香港特别行政区委员会等工作机构。

2. 中华人民共和国主席

根据宪法规定，国家主席、副主席由全国人民代表大会选举，有选举权和被选举权的年满四十五周岁的中华人民共和国公民可以被选为中华人民共和国主席、副主席。每届任期同全国人民代表大会相同，连续任职不得超过两届。主要职权包括根据全国人民代表大会及其常务委员会的决定，公布法律，任免国务院组成人员，授予国家的勋章和荣誉称号，发布特赦令，宣布进入紧急状态，宣布战争状态，发布动员令；代表国家进行国事活动，接受外国使节；根据全国人民代表大会常务委员会的决定，派遣和召回驻外全权代表，批准和废除同外国缔结的条约和重要协定。

3. 国务院

国务院是最高国家权力机关的执行机关，是最高国家行政机关。国务院由总理、副总理若干人、国务委员若干人、各部部长、各委员会主任、审计长、秘书长组成。国务院实行总理负责制。各部、各委员会实行部长、主任负责制。国务院的职权主要有九个方面十八项，包括根据宪法和法律，规定行政措施，制定行政法规，发布决定和命令；向全国人民代表大会或者全国人民代表大会常务委员会提出议案；规定各部和各委员会的任务和职责，统一领导各部和各委员会的工作，并且领导不属于各部和各委员会的全国性的行政工作；统一领导全国地方各级国家行政机关的工作，规定中央和省、自治区、直辖市的国家行政机关的职权的具体划分；编制和执行国民经济和社会发展计划和国家预算；领导和管理经济工作和城乡建设；领导和管理教育、科学、文化、卫生、体育和计划生育工作；领导和管理民政、公安、司法行政和监察等工作；管理对外事务，同外国缔结条约和协定；领导和管理国防建设事业；领导和管理民族事务，保障少数民族的平等权利和民族自治地方的自治权利；保护华侨的正当的权利和利益，保护归侨和侨眷的合法的权利和利益；改变或者撤销各部、各委员会发布的不适当的命令、指示和规章；改变或者撤销地方各级国家行政机关的不适当的决定和命令；批准省、自治区、直辖市的区域划分，批准自治州、县、自治县、市的建置和区域划分；依照法律规定决定省、自治区、直辖市的范围内部分地区进入紧急状态；审定行政机构的编制，依照法律规定任免、培训、考核和奖惩行政人员；全国人民代表大会及其常务委员会授予的其他职权。

4. 中央军事委员会

中央军事委员会领导全国武装力量，由主席、副主席若干人、委员若干人组成。

中央军事委员会实行主席负责制，每届任期同全国人民代表大会相同，主席对全国人民代表大会及其常务委员会负责。

5.地方各级人民代表大会和地方各级人民政府

地方各级人民代表大会是地方国家权力机关。地方各级人民政府是地方各级国家权力机关的执行机关，是地方各级国家行政机关。

（1）地方各级人民代表大会。根据宪法规定，省、直辖市、设区的市的人民代表大会代表由下一级的人民代表大会选举；县、不设区的市、市辖区、乡、民族乡、镇的人民代表大会代表由选民直接选举。地方各级人民代表大会每届任期五年。地方各级人民代表大会的主要职责为：在本行政区域内，保证宪法、法律、行政法规的遵守和执行，保证国家计划和预算的执行；选举并且有权罢免本级人民政府的正副职领导人员、人民法院院长和人民检察院检察长（选出或者罢免人民检察院检察长，须报上级人民检察院检察长提请该级人民代表大会常务委员会批准）；省、直辖市、设区的市的人民代表大会代表由下一级的人民代表大会选举产生；审查和批准本行政区域内的国民经济和社会发展计划、预算以及它们的执行情况的报告。除此之外，省、自治区、直辖市和设区的市、民族自治地方享有立法权。

（2）地方各级人民政府。作为人民代表大会的执行机关，地方各级人民政府对本级人民代表大会负责并报告工作。作为地方国家行政机关，地方各级人民政府对上一级国家行政机关负责并报告工作，接受和服从国务院的统一领导。根据宪法规定，地方各级人民政府实行首长负责制，法定职权主要是执行本级人民代表大会及其常务委员会的决议以及上级国家行政机关的决定和命令，执行国民经济和社会发展计划、预算。县级以上地方各级人民政府依照法律规定的权限为管理本行政区域内的行政工作，发布决定和命令，任免、培训、考核和奖惩行政工作人员；改变或撤销所属各部门的不适当的命令、指示和下级人民政府的不适当的决定、命令。乡、民族乡、镇的人民政府执行本级人民代表大会的决议和上级国家行政机关的决定和命令，管理本行政区域内的行政工作。

6.民族自治地方的自治机关

民族自治地方的自治机关是自治区、自治州、自治县的人民代表大会和人民政府。自治区、自治州、自治县的人民代表大会常务委员会中应当有实行区域自治的民族的公民担任主任或者副主任。自治区主席、自治州州长、自治县县长由实行区域自治的民族的公民担任。民族自治地方的自治机关既行使同级地方国家机关的职权，同时又依法行使自治权，根据本地方实际情况贯彻执行国家的法律、政策。

7.人民法院和人民检察院

人民法院是国家的审判机关，国家设立最高人民法院、地方各级人民法院和军事法院等专门人民法院。最高人民法院是最高审判机关，监督地方各级人民法院和专门人民法院的审判工作，上级人民法院监督下级人民法院的审判工作。最高人民法院对全国人民代表大会及其常务委员会负责，地方各级人民法院对产生它的国家权力机关负责。

人民检察院是国家的法律监督机关。国家设立最高人民检察院、地方各级人民检察院和军事检察院等专门人民检察院。最高人民检察院是最高检察机关，领导地方各级人民检察院和专门人民检察院的工作，上级人民检察院领导下级人民检察院的工作。最高人民检察院对全国人民代表大会及其常务委员会负责。地方各级人民检察院对产生它的国家权力机关和上级人民检察院负责。

（六）国家标志

国家标志由宪法规定，是国家主权、独立和尊严的象征，主要包括国旗、国歌、国徽和首都，集中反映了国家的历史传统、民族精神，政权组织形式及其特点。

1.国旗

中华人民共和国国旗是五星红旗。国旗法对国旗的图案、颜色、规格及使用等有着明确的具体规定。

2.国歌

中华人民共和国国歌是《义勇军进行曲》。将《义勇军进行曲》确定为国歌，是为了唤起人民反抗外国侵略者的爱国热情，激励人民在祖国和平建设时期保持传统、不忘历史，为社会主义建设事业而努力奋斗。

3.国徽

中华人民共和国国徽，中间是五星照耀下的天安门，周围是谷穗和齿轮。天安门图案象征中国各族人民反帝反封建的不屈不挠的民族精神，齿轮谷穗象征工人阶级和农民阶级，五颗星代表中国共产党领导下的各族人民大团结。

4.首都

中华人民共和国首都是北京。

🔍 以案释法 ②

换届选举的法律严肃性不容挑战

【案情介绍】2013年2月开始，有群众陆续向中央有关部门举报某市人大代表换届选举过程中存在严重的贿赂现象。中纪委经过初步调查，获取了部分市人大代表在市人大会议期间收受省人大代表候选人送钱送物的情况和证据。2013年4月上旬，中央听取了案件初步调查情况汇报，认为案情重大，性质严重，必须彻底查清，给社会一个交代、给人民一个交代；要求办案机关一定要以事实为根据，以法律为准绳，坚决严肃、稳妥地做好案件查处工作，把此案办成经得起人民和历史检验的铁案。2013年6月中旬，中纪委专案组赴该市开展全面调查，获取了大量书证、物证，基本查清了案件事实：该案共有56名当选的省人大代表存在送钱拉票的行为。

2013年8月，该市十二届人大常委会六次会议决定，对以贿赂手段当选的56名省人大代表依法确认当选无效并予以公告；对5名未送钱拉票但工作严重失职的省人大代表，依法公告终止其代表资格。该市有关县（市、区）人大常委会会议分别决定，接受512名收受钱物的市人大代表及3名未收受钱物但工作严重失职的市人大代表辞职。另有6名收受钱物的市人大代表此前因调离本行政区域已经终止代表资格。

2014年3月9日上午9时，张德江委员长在十二届全国人大二次会议上指出，该市发生的以贿赂手段破坏选举的违纪违法案件，性质严重，影响恶劣，给我们以深刻警示。必须切实加强对人大代表选举工作的组织领导，坚持严格依法按程序办事，切实加强人大代表思想、作风建设，维护宪法法律的权威和尊严。

【以案释法】人民代表大会制度是我国的根本政治制度。这一根本政治制度的本质特征，就是由人民通过民主选举产生人大代表，组成人民代表大会，再由人大产生其他国家政权机关。只有把人大代表选举好，才能真正落实宪法的人民民主原则，使国家政权基础得到巩固。人大换届选举也是中国共产党坚持执政为民、执政靠民，支持和保证人民当家作主的一次重要实践，保证党组织推荐的人选顺利进入国家政权机关，对于保证党的主张通过法定程序成为国家意志，对于加强和改善党的领导、提高党的执政能力，具有重要意义。通过广泛动员和组织选民参加人大换届选举，让人民群众在党的领导下、在发扬民主的基础上，依法把自己信得过的人选进国家权力机关，并通过人大代表行使管理国家和社会事务的权力，这将有利于增强基层政权的群众基础，进一步密切党群关系、干群关系，促进社会安定团结。为此，选举权作为公民的一项重要政治权利，不仅宪法中有明确规定，而且也为刑法所明确保护。刑法第二百五十六条专门设定有破坏选举罪，明确规定："在选举各级人民代表大会代表和国家机关领导人员时，以暴力、威胁、欺骗、贿赂、伪造选举文件、虚报选举票数等手段破坏选举或者妨害选民和代表自由行使选举权和被选举权，情节严重的，处三年以下有期徒刑、拘役或者剥夺政治权利。"

二、行政法相关规定

（一）行政法的基本概念

行政法是调整行政主体行使行政权过程中所产生的社会关系以及对行政权进行规范和控制的法律规范的总称。一般说民法是调整平等主体之间的人身关系和财产关系的法律规范的总称。民法所调整的关系是平等的，关系双方的主体是平等的；而行政法不是调整平等的主体关系，而是行政主体行使行政权所产生的社会关系，注重对行政主体的行政职权加以控制和规范。

（二）行政法的基本内容

行政法由规范行政主体和行政权设定的行政组织法、规范行政权行使的行政行为法、规范行政权运行程序的行政程序法、规范行政权监督的行政监督法等部分组成，其核心与实质是控制和规范行政权，保护行政相对人的合法权益。

1. 行政组织法

行政组织是行政权力的载体，行政组织法通过对行政机关的机构设置、编制与职数、活动方式，以及行政机关的设立、变更和撤销的程序等的规定，进而对行政权力行使进行制约，以约束行政主体的主观随意性。在这方面，我国的国务院组织法、地方各级人民代表大会和地方各级人民政府组织法及公务员法对规范国务院和地方政府及公职人员的机构设置与职权行使，起到了重要作用。

（1）国务院组织法。根据国务院组织法的规定，国务院由总理、副总理、国务委员、各部部长、各委员会主任、审计长、秘书长组成。国务院实行总理负责制，总理领导国务院的工作，副总理、国务委员协助总理工作。国务院的职权为宪法第八十九条规定的职权。国务院会议分为国务院全体会议和国务院常务会议。国务院全体会议由国务院全体成员组成。国务院常务会议由总理、副总理、国务委员、秘书长组成。国务院工作中的重大问题，必须经国务院常务会议或者国务院全体会议讨论决定。国务院秘书长在总理领导下，负责处理国务院的日常工作。国务院各部、各委员会的设立、撤销或者合并，经总理提出，由全国人民代表大会决定。在全国人民代表大会闭会期间，由全国人民代表大会常务委员会决定。国务院各部、各委员会实行部长、主任负责制。各部部长、各委员会主任领导本部门的工作，召集和主持部务会议或者委员会会议、委务会议，签署上报国务院的重要请示、报告和下达的命令、指示。各部、各委员会工作中的方针、政策、计划和重大行政措施，应向国务院请示报告，由国务院决定。根据法律和国务院的决定，主管部、委员会可以在本部门的权限内发布命令、指示和规章。

（2）地方各级人民代表大会和地方各级人民政府组织法。根据地方各级人民代表大会和地方各级人民政府组织法的规定，地方各级人民政府是地方各级人民代表大会的执行机关，是地方各级国家行政机关，对本级人民代表大会和上一级国家行政机关负责并报告工作。全国地方各级人民政府都是国务院统一领导下的国家行政机关，都服从国务院。省、自治区、直辖市、自治州、设区的市的人民政府分别由省长、副省长，自治区主席、副主席，市长、副市长，州长、副州长和秘书长、厅长、局长、委员会主任等组成。县、自治县、不设区的市、市辖区的人民政府分别由县长、副县长，市长、副市长，区长、副区长和局长、科长等组成。乡、民族乡的人民政府设乡长、副乡长。民族乡的乡长由建立民族乡的少数民族公民担任。镇人民政府设镇长、副镇长。地方各级人民政府每届任期五年。

此外，这部法律还具体规定了以下内容：

①县级以上的地方各级人民政府职权；乡、民族乡、镇的人民政府职权；地方各级政府组织原则。该法明确规定，地方各级人民政府分别实行省长、自治区主席、市长、州长、县长、区长、乡长、镇长负责制。

②县级以上的地方各级人民政府会议制度分为全体会议和常务会议。

③内设机构。该法明确规定，省、自治区、直辖市的人民政府的厅、局、委员会等工作部门的设立、增加、减少或者合并，由本级人民政府报请国务院批准，并报本级人民代表大会常务委员会备案。自治州、县、自治县、市、市辖区的人民政府的局、科等工作部门的设立、增加、减少或者合并，由本级人民政府报请上一级人民政府批准，并报本级人民代表大会常务委员会备案。

④管理体制。根据该法规定，省、自治区、直辖市的人民政府的各工作部门受人民政府统一领导，并且依照法律或者行政法规的规定受国务院主管部门的业务指导或者领导。自治州、县、自治县、市、市辖区的人民政府的各工作部门受人民政府统一领导，并且依照法律或者行政法规的规定受上级人民政府主管部门的业务指导或者领导。

（3）公务员法。根据公务员法的规定，公务员职务分为领导职务和非领导职务。领导职务层次分为，国家级正职、国家级副职、省部级正职、省部级副职、厅局级正职、厅局级副职、县处级正职、县处级副职、乡科级正职、乡科级副职。非领导职务层次在厅局级以下设置。综合管理类的非领导职务分为：巡视员、副巡视员、调研员、副调研员、主任科员、副主任科员、科员、办事员。各机关依照确定的职能、规格、编制限额、职数以及结构比例，设置本机关公务员的具体职位，并确定各职位的工作职责和任职资格条件。录用担任主任科员以下及其他相当职务层次的非领导职务公务员，采取公开考试、严格考察、平等竞争、择优录取的办法。曾因犯罪受过刑事处罚的、曾被开除公职的、有法律规定不得录用为公务员的其他情形的人员不得录用为公务员。录用公务员，必须在规定的编制限额内，并有相应的职位空缺。录用公务员应当发布招考公告。招考公告应当载明招考的职位、名额、报考资格条件、报考需要提交的申请材料以及其他报考须知事项。

此外，这部法律还具体规定了考核、奖惩、专门纪律要求、回避、辞职、辞退、退休、申诉控告等内容。

2.行政行为法

行政行为一般是指行政机关依法行使权力，管理公共事务，直接或间接产生法律后果的行为。各行政机关的行政行为可分为行政立法行为和行政执法行为。其中，行政立法行为主要是指国务院制定行政法规，国务院各部委制定部委规章，各省、自治区、直辖市政府、省会市和经国务院批准的较大市政府和设区的市制定地方规章的行为。行政执法行为，又称具体行政行为，是指行政机关行使行政权力，对特定的公民、法人和其他组织作出的有关其权利义务的单方行为。具体行政行为的表现形式包括：行政命令、行政征收、行政许可、行政确认、行政监督检查、行政处罚、行政强制、行政给付、行政奖励、行政裁决、行政赔偿等。随着全面推进依法治国、加快建设法治政府的需要，我国陆续出台了一系列行政行为法，适用频率高的有行政许可法、行政处罚法和行政强制法。

（1）行政许可法。行政许可是指行政机关根据公民、法人或者其他组织的申请，经依法审查，准予其从事特定活动的行为。2003年颁布实施的行政许可法，具体对行政许可的实施机关、行政许可的实施程序、申请与受理、审查与决定、期限、听证、变更与延续、行政许可的费用和监督检查等进行了规定。实践证明，这部法律的颁布实施，对规范行政许可的设定和实施，保护公民、法人和其他组织的合法权益，维护公共利益和社会秩序，保障和监督行政机关有效实施行政管理，提供了重要的法律保障。这部法律具体规定的内容主要还包括：行政许可的设定、特别规定、法律责任。

（2）行政处罚法。行政处罚是行政机关对违反行政管理秩序的公民、法人和其他组织依法予以制裁的制度。我国1996年颁布实施的行政处罚法对行政处罚的种类和设定、实施机关、管辖和适用，以及行政处罚的决定、执行及法律责任进行了明确规定，为规范行政处罚的设定和实施，保障和监督行政机关有效实施行政管理，维护公共利益和社会秩序，保护公民、法人或者其他组织合法权益提供了基本的法律依据。

行政处罚法具体规定的内容主要包括：

①行政处罚的种类。根据该法的规定，我国的行政处罚包括警告；罚款；没收违法所得、没收非法财物；责令停产停业；暂扣或者吊销许可证、暂扣或者吊销执照；行政拘留；法律、行政法规规定的其他行政处罚等八类。

②行政处罚的实施机关。行政处罚由具有行政处罚权的行政机关在法定职权范围内实施。国务院或者经国务院授权的省、自治区、直辖市人民政府可以决定一个行政机关行使有关行政机关的行政处罚权，但限制人身自由的行政处罚权只能由公安机关行使。法律、法规授权的具有管理公共事务职能的组织可以在法定授权范围内实施行政处罚。受委托组织必须是依法成立的管理公共事务的事业组织；具有熟悉有关法律、法规、规章和业务的工作人员；对违法行为需要进行技术检查或者技术鉴定的，应当有条件组织进行相应的技术检查或者技术鉴定。

③行政处罚的管辖。根据该法的规定，行政处罚由违法行为发生地的县级以上地方人民政府具有行政处罚权的行政机关管辖。对管辖发生争议的，报请共同的上一级行政机关指定管辖。违法行为构成犯罪的，行政机关必须将案件移送司法机关，

依法追究刑事责任。

（3）行政强制法。我国法定的行政强制包括行政强制措施和行政强制执行。行政强制措施，是指行政机关在行政管理过程中，为制止违法行为、防止证据损毁、避免危害发生、控制危险扩大等情形，依法对公民的人身自由实施暂时性限制，或者对公民、法人或者其他组织的财物实施暂时性控制的行为。行政强制执行，是指行政机关或者行政机关申请人民法院，对不履行行政决定的公民、法人或者其他组织，依法强制履行义务的行为。

行政强制法规定的内容主要包括：

①行政强制的种类和方式。根据该法规定，行政强制措施由法律设定，种类包括限制公民人身自由；查封场所、设施或者财物；扣押财物；冻结存款、汇款；其他行政强制措施五类。行政强制执行由法律设定，方式包括加处罚款或者滞纳金；划拨存款、汇款；拍卖或者依法处理查封、扣押的场所、设施或者财物；排除妨碍、恢复原状；代履行；其他强制执行方式六类。

②行政强制措施实施程序。

③行政机关强制执行程序。

④申请人民法院强制执行程序。

⑤法律责任。

3. 行政监督法

行政机关是国家机关中权力最大、人数最多，对国家和社会的发展最为重要、与人民群众关系最为密切的权力部门，因此行政监督是国家监督体系极为重要的组成部分。行政系统内部的监督，主要有行政系统内的专门监督和上级对下级的层级监督。

在层级监督方面，我国目前已建立行政复议制度、行政诉讼制度和国家赔偿制度，并相应地颁布实施了行政复议法、行政诉讼法和国家赔偿法。

（1）行政复议法。行政复议是指是指公民、法人或者其他组织，认为行政机关的具体行政行为侵犯了其合法权益，依法向行政机关提出复议申请，行政机关受理行政复议申请，并作出复议决定的行政行为。

行政复议法具体规定的内容主要包括：

①行政复议申请。公民、法人或者其他组织认为具体行政行为侵犯其合法权益的，可以自知道该具体行政行为之日起六十日内提出行政复议申请；但是法律规定的申请期限超过六十日的除外。因不可抗力或者其他

正当理由耽误法定申请期限的，申请期限自障碍消除之日起继续计算。

②行政复议受理。行政复议机关收到行政复议申请后，应当在五日内进行审查，对不符合本法规定的行政复议申请，决定不予受理，并书面告知申请人；对符合本法规定，但是不属于本机关受理的行政复议申请，应当告知申请人向有关行政复议机关提出。对行政复议决定不服再向人民法院提起行政诉讼的，行政复议机关决定不予受理或者受理后超过行政复议期限不作答复的，公民、法人或者其他组织可以自收到不予受理决定书之日起或者行政复议期满之日起十五日内，依法向人民法院提起行政诉讼。

③行政复议决定。行政复议原则上采取书面审查的办法，但是申请人提出要求或者行政复议机关负责法制工作的机构认为有必要时，可以向有关组织和人员调查情况，听取申请人、被申请人和第三人的意见。

④此外还规定了法律责任。

（2）行政诉讼法。行政诉讼是指公民、法人或者其他组织认为行政机关和行政机关工作人员的行政行为侵犯其合法权益，依法向人民法院提起的诉讼。

行政诉讼法具体规定的内容主要包括：

①受案范围和管辖。基层人民法院管辖第一审行政案件。中级人民法院管辖的一审行政案件包括对国务院部门或者县级以上地方人民政府所作的行政行为提起诉讼的案件；海关处理的案件；本辖区内重大、复杂的案件；其他法律规定由中级人民法院管辖的案件。高级人民法院管辖本辖区内重大、复杂的第一审行政案件。最高人民法院管辖全国范围内重大、复杂的第一审行政案件。

②诉讼参加人。行政行为的相对人以及其他与行政行为有利害关系的公民、法人或者其他组织，有权提起诉讼。

③证据。经法庭审查属实，可作为认定案件事实的行政诉讼证据包括，书证；物证；视听资料；电子数据；证人证言；当事人的陈述；鉴定意见；勘验笔录、现场笔录。

④起诉和受理。公民、法人或者其他组织不服复议决定的，可以在收到复议决定书之日起十五日内向人民法院提起诉讼。复议机关逾期不作决定的，申请人可以在复议期满之日起十五日内向人民法院提起诉讼，法律另有规定的除外。公民、法人或者其他组织直接向人民法院提起诉讼的，应当自知道或者应当知道作出行政行为之日起六个月内提出。法律另有规定的除外。

⑤审理和判决。包括一审普通程序、简易程序、二审程序和审判监督程序。当事人对已经发生法律效力的判决、裁定，认为确有错误的，可以向上一级人民法院申请再审，但判决、裁定不停止执行。对属于不予立案或者驳回起诉确有错误的；有新的证据，足以推翻原判决、裁定的；原判决、裁定认定事实的主要证据不足、

未经质证或者系伪造的；原判决、裁定适用法律、法规确有错误的；违反法律规定的诉讼程序，可能影响公正审判的；原判决、裁定遗漏诉讼请求的；据以作出原判决、裁定的法律文书被撤销或者变更的；审判人员在审理该案件时有贪污受贿、徇私舞弊、枉法裁判行为的案件，当事人提出申请的，人民法院应当再审。

⑥执行。当事人必须履行人民法院发生法律效力的判决、裁定、调解书。

（3）国家赔偿法。国家赔偿法以监督行政机关的具体行政行为是否合法为主要任务，以违法为赔偿前提，以事实行为造成损害确定赔偿责任。

国家赔偿法就行政赔偿所具体规定的内容主要包括：

①行政赔偿的范围。

②赔偿请求人和赔偿义务机关。

③赔偿程序。赔偿请求人要求赔偿，应当先向赔偿义务机关提出，也可以在申请行政复议或者提起行政诉讼时一并提出。赔偿请求人可以向共同赔偿义务机关中的任何一个赔偿义务机关要求赔偿，该赔偿义务机关应当先予赔偿。赔偿请求人根据受到的不同损害，可以同时提出数项赔偿要求。

④赔偿方式和计算标准。国家赔偿以支付赔偿金为主要方式。能够返还财产或者恢复原状的，予以返还财产或者恢复原状。侵犯公民人身自由的，每日赔偿金按照国家上年度职工日平均工资计算。

🔍 以案释法 ⑬

行政不作为被判败诉

【案情介绍】2014年10月16日，李某向河南省某市国土资源局（以下简称市国土局）书面提出申请，请求该局依法查处其所在村的耕地被有关工程项目违法强行占用的行为，并向该局寄送了申请书。市国土局收到申请后，没有受理、立案、处理，也未告知李某，李某遂以市国土局不履行法定职责为由诉至法院，请求确认被告不履行法定职责的行政行为违法，并要求被告对土地违法行为进行查处。

该市某区人民法院一审认为，土地管理部门对上级交办、其他部门移送和群众举报的土地违法案件，应当受理。土地管理部门受理土地违法案件后，应当进行审查，凡符合立案条件的，应当及时立案查处；不符合立案条件的，应当告知交办、移送案件的单位或者举报人。本案原告向被告市国土局提出查处违法占地申请后，被告应当受理，被告既没有受理，也没有告知原告是否立案，故原告要求确认被告不履行法定职责违法，并限期履行法定职责的请求，有事实根据和法律依据，本院予以支持。遂判决：一、确认被告对原告要求查处违法占地申请未予受理的行为违法。二、限被告于本判决生效之日起按国土资源行政处罚办法的规定履行法定职责。

市国土局不服，提出上诉。该市中级人民法院二审认为，根据国土资源行政处罚办法规定，县级以上国土资源主管部门"应当依法立案查处，无正当理由未依法立案查处的"，应当承担相应责任。上诉人市国土局未及时将审查结果告知申请人，上诉人的行为未完全履行工作职责，违反了国土资源行政处罚办法第四十五条的相关规定。二审判决驳回上诉，维持原判。

【以案释法】 及时处理群众举报、切实履行查处违法占地相关法定职责，回应群众关切、保障土地资源的合法利用是有关土地管理部门的应尽职责。土地资源稀缺、人多地少的现状决定了我国必须实行最严格的土地管理制度，但长期以来土地资源浪费严重，违法违规用地现象普遍，这其中既有土地管理保护不力的原因，也有人民群众难以有效参与保护的因素。公众参与是及时发现和纠正土地违法行为的重要渠道，也是确保落实最严格的土地管理制度的有效手段。依法受理并及时查处人民群众对违法用地行为的举报，是土地管理部门的权力更是义务。对于在处理土地违法案件中，发现违法案件不属于本部门管辖的，也应及时做好相应的案件移送工作。国土资源行政处罚办法第十条明确规定："国土资源主管部门发现违法案件不属于本部门管辖的，应当移送有管辖权的国土资源主管部门或者其他部门。"

以案释法 04

行政机关对不属于本机关办理职责的事项应依法移送有关机关

【案情介绍】 2013年12月27日，北京市某工商分局，接到钟某的申诉（举报）信，称其在通州某超市购买的"北大荒富硒米"不符合《预包装食品营养标签通则》的规定，属不符合食品安全标准的违法产品，要求工商分局责令超市退还其货款，进行赔偿，并依法作出行政处罚。同年12月30日，工商分局作出答复，称依据该局调查，钟某反映的食品安全问题目前不属于其职能范围。钟某于2014年1月8日向上级工商管理局提出复议申请，该机关于同年4月2日作出复议决定书，维持答复。钟某不服，以工商分局为被告提起行政诉讼，请求确认工商局处理举报案件程序违法并责令其履行移送职责。

人民法院一审认为，依据国务院食品安全办、国家工商总局、国家质检总局、国家食品药品监管总局的食安办〔2013〕13号《关于进一步做好机构改革期间食品和化妆品监管工作的通知》《北京市人民政府办公厅关于印发北京市食品药品监督管理局主要职责内设机构和人员编制规定的通知》等文件规定，目前北京市流通环节的食品安全监管职责由北京市食品药品监督管理局承担，故被告工商分局已无职责对流通环节的食品安全进行监管，且其在接到原告钟某举报时应能够确定该案件的主管机关。依照《工商行政管理机关行政处罚程序规定》第十五条规定，工商行政管理机关发现所查处的案件属于其他行政机关管辖的，应当依法移送其他有关机关。本案中当被告认为原告所举报事项不属其管辖时，应当移送至有关主管机关，故判决被告在十五个工作日内就原告举报事项履行移送职责，驳回原告其他诉讼请求。工商分局不服，提出上诉。北京市中级人民法院二审以相同理由判决驳回上诉，维持原判。

【以案释法】在我国，各行政机关的职责既有分工也有交叉。法定职责主要来源于法律、法规、规章和规范性文件，也有的来源于行政管理需要和行政惯例。有关食品生产、流通环节的监督管理职责由工商机关改由食品药品监督管理部门承担，但职责调整的初始阶段，人民群众未必都很清楚，工商机关发现群众对于食品安全问题的举报事项属于其他行政机关管辖的，应当移送相关主管机关，不能一推了之。积极移送也是一种法定职责。本案通过裁判方式进一步明确，行政机关对不属于本机关办理职责事项，如果按照有关规范性文件规定应移送有关机关办理的，应当及时移送。

（三）行政法的基本原则

1.合法行政原则

合法行政是行政法的首要原则，其他原则可以理解为这一原则的延伸。实行合法行政原则是行政活动区别于民事活动的主要标志。

合法行政原则的根据，是行政机关在政治制度上对立法机关的从属性。合法行政原则是我国根本政治制度人民代表大会制度在国家行政制度上的体现和延伸。人民代表大会制度确定了国家行政机关对人民代表大会的从属性。宪法第二条和第三条规定，中华人民共和国的一切权力属于人民，人民行使国家权力的机关是全国人民代表大会和地方各级人民代表大会。国家行政机关由人民代表大会产生，对它负责，受它监督。这样就从根本法上解决了国家行政权力来源的合法性问题。宪法第五条规定，中华人民共和国实行依法治国，建设社会主义法治国家。一切国家机关都必须遵守宪法和法律。

我国合法行政原则在结构上包括对现行法律的遵守和依照法律授权活动两个

方面：

（1）行政机关必须遵守现行有效的法律。这一方面的基本要求是：行政机关实施行政管理，应当依照法律、法规、规章的规定进行，禁止行政机关违反现行有效的立法性规定。

第一，行政机关的任何规定和决定都不得与法律相抵触，行政机关不得作出不符合现行法律的规定和决定。行政机关的规定和决定违法，就不能取得法律效力。

第二，行政机关有义务积极执行和实施现行有效法律规定的行政义务。行政机关不积极履行法定作为义务，将构成不作为违法。

（2）行政机关应当依照法律授权活动。这一方面的基本要求是：没有法律、法规、规章的规定，行政机关不得作出影响公民、法人和其他组织合法权益或者增加公民、法人和其他组织义务的决定。

在行政机关与公民、法人和其他组织关系上：第一，行政机关采取行政措施必须有立法性规定的明确授权；第二，没有立法性规定的授权，行政机关不得采取影响公民、法人和其他组织权利义务的行政措施。行政机关不遵守这一不作为义务，将构成行政违法。

2. 合理行政原则

合理行政原则的主要含义是行政决定应当具有理性，属于实质行政法治的范畴，尤其适用于裁量性行政活动。最低限度的理性，是指行政决定应当具有一个有正常理智的普通人所能达到的合理与适当，并且能够符合科学公理和社会公德。更为规范的行政理性表现为以下三个原则：

第一，公平公正原则。要平等对待行政管理相对人，不偏私、不歧视。

第二，考虑相关因素原则。作出行政决定和进行行政裁量，只能考虑符合立法授权目的的各种因素，不得考虑不相关因素。

第三，比例原则。行政机关采取的措施和手段应当必要、适当。行政机关实施行政管理可以采用多种方式实现行政目的的，应当避免采用损害当事人权益的方式。

3. 程序正当原则

程序正当是当代行政法的主要原则之一。它包括了以下几个原则：

第一，行政公开原则。除涉及国家秘密和依法受到保护的商业秘密、个人隐私外，行政机关实施行政管理应当公开，以保障公民的知情权。

第二，公众参与原则。行政机关作出重要规定或者决定，应当听取公民、法人和其他组织的意见。特别是作出对公民、法人和其他组织不利的决定，要听取他们的陈述和申辩。

第三，回避原则。行政机关工作人员履行职责，与行政管理相对人存在利害关系时，应当回避。

4.高效便民原则

（1）行政效率原则。基本内容有二：首先是积极履行法定职责，禁止不作为或者不完全作为；其次是遵守法定时限，禁止超越法定时限或者不合理延迟。

（2）便利当事人原则。在行政活动中增加当事人程序负担，是法律禁止的行政侵权行为。在国际贸易中，行政当局不合理延迟和增加当事人程序负担，也被认为是政府设置的贸易壁垒形式。

5.诚实守信原则

（1）行政信息真实原则。行政机关公布的信息应当全面、准确、真实。无论是向普通公众公布的信息，还是向特定人或者组织提供的信息，行政机关都应当对其真实性承担法律责任。

（2）保护公民信赖利益原则。非因法定事由并经法定程序，行政机关不得撤销、变更已经生效的行政决定；因国家利益、公共利益或者其他法定事由需要撤回或者变更行政决定的，应当依照法定权限和程序进行，并对行政管理相对人因此而受到的财产损失依法予以补偿。

6.权责统一原则

（1）行政效能原则。行政机关依法履行经济、社会和文化事务管理职责，要由法律、法规赋予其相应的执法手段，保证政令有效。

（2）行政责任原则。行政机关违法或者不当行使职权，应当依法承担法律责任。这一原则的基本要求是行政权力和法律责任的统一，即执法有保障、有权必有责、用权受监督、违法受追究、侵权须赔偿。

第三节 "七五"普法规划

全民普法和守法是依法治国的长期基础性工作。深入开展法治宣传教育，是贯彻落实党的十八大和十八届三中、四中、五中全会精神的重要任务，是实施"十三五"规划、全面建成小康社会的重要保障。

一、七个五年普法规划的制定回顾

1985年11月，中共中央、国务院批转中宣部、司法部《关于向全体公民基本普及法律常识的五年规划》，1985年11月22日，六届全国人大常委会十三次会议作出了《关于在公民中基本普及法律常识的决议》，提出从1986年起，争取用五年左右时间，有计划、有步骤地在一切有接受教育能力的公民中，普遍进行一次普及法律常识的教育，并且逐步做到制度化、经常化。自此，全国"一五"普法的帷幕正式拉开。三十年来，全国共开展了六个五年一轮的法制宣传教育活动，分别为"一五"普法（1986—1990年）、"二五"普法（1991—1995年）、"三五"普法(1996—2000年)、"四五"普法（2001—2005年）、"五五"普法（2006—2010年）、"六五"普法（2011—2015年），2016年进入"七五"普法时期。2016年3月25日，中共中央、国务院转发《中央宣传部、司法部关于在公民中开展法治宣传教育的第七个五年规划（2016—2020年）》的通知，全国法治宣传教育第七个五年规划正式开始实施。

"七五"普法规划是在党中央作出全面推进依法治国战略布局，明确提出了依法治国的具体目标和要求的时代背景下出台的。它的实施周期正处于我国实现全面建成小康社会奋斗目标的关键时期，具有更为突出的政治意义和实践意义。党中央关于"坚持依法治国、依法执政、依法行政共同推进，坚持法治国家、法治政府、法治社会一体建设，实现科学立法、严格执法、公正司法、全民守法，促进国家治理体系和治理能力现代化"的提出，对进一步做好"七五"普法工作，既指明了方向，也明确了新的更高要求。

二、"七五"普法规划的指导思想、主要目标和工作原则

"七五"普法工作的指导思想：高举中国特色社会主义伟大旗帜，全面贯彻党的十八大和十八届三中、四中、五中全会精神，以马克思列宁主义、毛泽东思想、邓小平理论、"三个代表"重要思想、科学发展观为指导，深入贯彻习近平总书记系列重要讲话精神，坚持"四个全面"战略布局，坚持创新、协调、绿色、开放、共享的发展理念，按照全面依法治国新要求，深入开展法治宣传教育，扎实推进依法治理和法治创建，弘扬社会主义法治精神，建设社会主义法治文化，推进法治宣传教育与法治实践相结合，健全普法宣传教育机制，推动工作创新，充分发挥法治宣传教育在全面依法治国中的基础作用，推动全社会树立法治意识，为"十三五"时期经济社会发展营造良好法治环境，为实现"两个一百年"奋斗目标和中华民族伟大复兴的中国梦作出新的贡献。

"七五"普法工作的主要目标：普法宣传教育机制进一步健全，法治宣传教育实效性进一步增强，依法治理进一步深化，全民法治观念和全体党员党章党规意识明显增强，全社会厉行法治的积极性和主动性明显提高，形成守法光荣、违法可耻的社会氛围。

"七五"普法工作应遵循的原则：坚持围绕中心服务大局。围绕党和国家中心工作开展法治宣传教育，更好地服务协调推进"四个全面"战略布局，为全面实

施国民经济和社会发展"十三五"规划营造良好法治环境;坚持依靠群众,服务群众。以满足群众不断增长的法治需求为出发点和落脚点,以群众喜闻乐见、易于接受的方式开展法治宣传教育,增强全社会尊法学法守法用法意识,使国家法律和党内法规为党员群众所掌握、所遵守、所运用;坚持学用结合,普治并举。坚持法治宣传教育与依法治理有机结合,把法治宣传教育融入立法、执法、司法、法律服务和党内法规建设活动中,引导党员群众在法治实践中自觉学习、运用国家法律和党内法规,提升法治素养;坚持分类指导,突出重点。根据不同地区、部门、行业及不同对象的实际和特点,分类实施法治宣传教育。突出抓好重点对象,带动和促进全民普法;坚持创新发展,注重实效。总结经验,把握规律,推动法治宣传教育工作理念、机制、载体和方式方法创新,不断提高法治宣传教育的针对性和实效性,力戒形式主义。

三、"七五"普法规划的主要任务

"七五"普法规划明确了七项主要任务:

(一)深入学习宣传习近平总书记关于全面依法治国的重要论述

党的十八大以来,习近平总书记站在坚持和发展中国特色社会主义全局的高度,对全面依法治国作了重要论述,提出了一系列新思想、新观点、新论断、新要求,深刻回答了建设社会主义法治国家的重大理论和实践问题,为全面依法治国提供了科学理论指导和行动指南。要深入学习宣传习近平总书记关于全面依法治国的重要论述,增强走中国特色社会主义道路的自觉性和坚定性,增强全社会厉行法治的积极性和主动性。深入学习宣传以习近平同志为总书记的党中央关于全面依法治国的重要部署,宣传科学立法、严格执法、公正司法、全民守法和党内法规建设的生动实践,使全社会了解和掌握全面依法治国的重大意义和总体要求,更好地发挥法治的引领和规范作用。

(二)突出学习宣传宪法

坚持把学习宣传宪法摆在首要位置,在全社会普遍开展宪法教育,弘扬宪法精神,树立宪法权威。深入宣传依宪治国、依宪执政等理念,宣传党的领导是宪法实施的最根本保证,宣传宪法确立的国家根本制度、根本任务和我国的国体、政体,宣传公民的基本权利和义务等宪法基本内容,宣传宪法的实施,实行宪法宣誓制度,认真组织好"12·4"国家宪法日集中宣传活动,推动宪法家喻户晓、深入人心,提高全体公民特别是各级领导干部和国家机关工作人员的宪法意识,教育引导一切组织和个人都必须以宪法为根本活动准则,增强宪法观念,

维护宪法尊严。

（三）深入宣传中国特色社会主义法律体系

坚持把宣传以宪法为核心的中国特色社会主义法律体系作为法治宣传教育的基本任务，大力宣传宪法相关法、民法商法、行政法、经济法、社会法、刑法、诉讼与非诉讼程序法等多个法律部门的法律法规。大力宣传社会主义民主政治建设的法律法规，提高人民有序参与民主政治的意识和水平。大力宣传保障公民基本权利的法律法规，推动全社会树立尊重和保障人权意识，促进公民权利保障法治化。大力宣传依法行政领域的法律法规，推动各级行政机关树立"法定职责必须为、法无授权不可为"的意识，促进法治政府建设。大力宣传市场经济领域的法律法规，推动全社会树立保护产权、平等交换、公平竞争等意识，促进大众创业、万众创新，促进经济在新常态下平稳健康运行。大力宣传有利于激发文化创造活力、保障人民基本文化权益的相关法律法规，促进社会主义精神文明建设。大力宣传教育、就业、收入分配、社会保障、医疗卫生、食品安全、扶贫、慈善、社会救助和妇女儿童、老年人、残疾人合法权益保护等方面法律法规，促进保障和改善民生。大力宣传国家安全和公共安全领域的法律法规，提高全民安全意识、风险意识和预防能力。大力宣传国防法律法规，提高全民国防观念，促进国防建设。大力宣传党的民族、宗教政策和相关法律法规，维护民族地区繁荣稳定，促进民族关系、宗教关系和谐。大力宣传环境保护、资源能源节约利用等方面的法律法规，推动美丽中国建设。大力宣传互联网领域的法律法规，教育引导网民依法规范网络行为，促进形成网络空间良好秩序。大力宣传诉讼、行政复议、仲裁、调解、信访等方面的法律法规，引导群众依法表达诉求、维护权利，促进社会和谐稳定。在传播法律知识的同时，更加注重弘扬法治精神、培育法治理念、树立法治意识。大力宣传宪法法律至上、法律面前人人平等、权由法定、权依法行使等基本法治理念，破除"法不责众""人情大于国法"等错误认识，引导全民自觉守法、遇事找法、解决问题靠法。

（四）深入学习宣传党内法规

适应全面从严治党、依规治党新形势新要求，切实加大党内法规宣传力度。突出宣传党章，教育引导广大党员尊崇党章，以党章为根本遵循，坚决维护党章权威。大力宣传《中国共产党廉洁自律准则》《中国共产党纪律处分条例》等各项党内法规，注重党内法规宣传与国家法律宣传的衔接和协调，坚持纪在法前、纪严于法，把纪律和规矩挺在前面，教育引导广大党员做党章党规党纪和国家法律的自觉尊崇者、模范遵守者、坚定捍卫者。

（五）推进社会主义法治文化建设

以宣传法律知识、弘扬法治精神、推动法治实践为主旨，积极推进社会主义法治文化建设，充分发挥法治文化的引领、熏陶作用，使人民内心拥护和真诚信仰法律。把法治文化建设纳入现代公共文化服务体系，推动法治文化与地方文化、行业文化、企业文化融合发展。繁荣法治文化作品创作推广，把法治文化作品纳入各级文化作品评奖内容，纳入艺术、出版扶持和奖励基金内容，培育法治文化精品。利用重大纪念日、民族传统节日等契机开展法治文化活动，组织开展法治文艺展演展播、法治文艺演出下基层等活动，满足人民群众日益增长的法治文化需求。把法治元素纳入城乡建设规划设计，加强基层法治文化公共设施建设。

（六）推进多层次多领域依法治理

坚持法治宣传教育与法治实践相结合，把法律条文变成引导、保障经济社会发展的基本规则，深化基层组织和部门、行业依法治理，深化法治城市、法治县（市、区）等法治创建活动，提高社会治理法治化水平。深入开展民主法治示范村（社区）创建，进一步探索乡村（社区）法律顾问制度，教育引导基层群众自我约束、自我管理。发挥市民公约、乡规民约、行业规章、团体章程等社会规范在社会治理中的积极作用，支持行业协会商会类社会组织发挥行业自律和专业服务功能，发挥社会组织对其成员的行为导引、规则约束、权益维护作用。

（七）推进法治教育与道德教育相结合

坚持依法治国和以德治国相结合的基本原则，以法治体现道德理念，以道德滋养法治精神，促进实现法律和道德相辅相成、法治和德治相得益彰。大力弘扬社会主义核心价值观，弘扬中华传统美德，培育社会公德、职业道德、家庭美德、个人品德，提高全民族思想道德水平，为全面依法治国创造良好人文环境。强化规则意识，倡导契约精神，弘扬公序良俗，引导人们自觉履行法定义务、社会责任、家庭责任。发挥法治在解决道德领域突出问题中的作用，健全公民和组织守法信用记录，完善守法诚信褒奖机制和违法失信行为惩戒机制。

⌕以案释法 ⑤

领导干部腐败不能以"不懂法"为借口

【案情介绍】2005年7月13日上午，陕西省西安市中级人民法院对某市委宣传部原副部长张某涉嫌受贿、巨额财产来源不明、滥用职权一案作出一审判决，以受贿罪，判处其有期徒刑十二年，并处没收财产5万元人民币；以巨额财产来源不明罪，判处其有期徒刑一年零六个月；以滥用职权罪，判处其有期徒刑四年零六个月。决定对张某执行有期徒刑十七年，并处没收财产5万元人民币。张某除担任某市委宣传部副部长一职外，还兼某市广播电视局局长、党组书记，某市广电局下属单位有线电视网络有限责任公司及某市广播电视网络传输有限责任公司董事长。

2004年，某市纪委和检察机关在查处张某案件的过程中，从张某家中和银行查获现金、存款，共计1680555.18元人民币、34162.65 美元、15381.87港币。其中有608403.68元人民币、27162.65美元、15381.87港币不能说明合法来源。

张某在担任某市广电局局长、党组书记，兼任有线网络公司及广电传输公司董事长期间，在有线网络公司增资扩股过程中，明知该市三家公司均不具备投资资格和实力，无视有线网络公司评估的净资产值为43288.75万元的事实，超越职权擅自决定成立融资小组，并将上述三家公司作为融资对象，强行通过股东会决议，使三家公司通过银行贷款享有了有线网络公司49％的股权，致使有线网络公司10892.55万元的国有资产受损；另外被告人张某还滥用职权违法同意给该市某公司贷款提供担保，给广电传输公司造成1020.19万元的直接经济损失。

张某在任该市某公司法定代表人和某科技有限责任公司实际出资人期间，为达到偷税目的，指使公司会计采用在账簿上虚列工资、差旅费、误餐费等支出的手段，将现金套出，存入私人存折等手段共计偷税金额324934.75元。

庭审中，昔日的副部长当庭7次痛哭不已，哽咽着说："我没有学好法律，当时没有认识到自己的行为是受贿，但是现在我已经认识到了自己是在犯罪。作为一名犯罪嫌疑人，我应该认罪服法。"

【以案释法】贪官出事之后，以自己"不懂法"作为借口，张某不是第一人。某省原省委书记刘某"忏悔"时说："作为省委书记，自以为什么都懂。但是，通过这次法庭审理才发现，自己其实是个法盲。"刘某这么避重就轻地说了，搞政法的某省委政法委原副书记李某也说："我不是很懂法，并不知道事后收人家钱是犯罪行为。"据报道，中组部干部监督局在分析违法犯罪的许多名原领导干部的反省材料时发现，其中81.4%的人认为自己犯罪与不懂法有关。

其实，贪官都说自己不懂法是明摆着的谎言，真正的原因不是他们不懂法律，而是他们不懂得尊重法律。在这些贪官心目中只有一个字：权！有了这样一种"权比法大"的心理，受贿时不知有法，这是典型的没让法治理念、法治思维、法治精神、法治信仰入脑入心。

法律格言说：法律必须被信仰，否则它将形同虚设。法律信仰就是要在全体人民（包括官员）心目中树立起法律权威，这是法治社会的要义。党的十八届四中全会通过的《中共中央关于全面推进依法治国若干重大问题的决定》在谈到增强全民法治观念，推进法治社会建设时，非常鲜明地提出了"让尊法守法成为全体人民共同追求和自觉行动"的目标。

四、"七五"普法规划的实施

（一）对象和要求

"七五"普法规划明确提出，法治宣传教育的对象是一切有接受教育能力的公民，重点是领导干部和青少年。要坚持把领导干部带头学法、模范守法作为树立法治意识的关键。完善国家工作人员学法用法制度，把宪法法律和党内法规列入党委（党组）中心组学习内容，列为党校、行政学院、干部学院、社会主义学院必修课；把法治教育纳入干部教育培训总体规划，纳入国家工作人员初任培训、任职培训的必训内容，在其他各类培训课程中融入法治教育内容，保证法治培训课时数量和培训质量，切实提高领导干部运用法治思维和法治方式深化改革、推动发展、化解矛盾、维护稳定的能力，切实增强国家工作人员自觉守法、依法办事的意识和能力。加强党章和党内法规学习教育，引导党员领导干部增强党章党规党纪意识，严守政治纪律和政治规矩，在廉洁自律上追求高标准，自觉远离违纪红线。健全日常学法制度，创新学法形式，拓宽学法渠道。健全完善重大决策合法性审查机制，积极推行法律顾问制度，各级党政机关和人民团体普遍设立公职律师，企业可设立公司律师。把尊法学法守法用法情况列入作为领导班子和领导干部年度考核的重要内容。把法治观念强不强、法治素养好不好作为衡量干部德才的重要标准，把能不能遵守法律、依法办事作为考察干部的重要内容；要坚持从青少年抓起。切实把法治教育纳入国民教育体系，制定和实施全国青少年法治教育大纲，在中小学设立法治知识课程，确保在校学生都能得到基本法治知识教育。完善中小学法治课教材体系，编写法治教育教材、读本，地方可将其纳入地方课程义务教育免费教科书范围，在小学普及宪法基本常识，在中、高考中增加法治知识内容，使青少年从小树立宪法意识和国家意识。将法治教育纳入"中小学幼儿园教师国家级培训计划"，加强法治课教师、分管法治教育副校长、法治辅导员培训。充分利用第二课堂和社会实践活动开展青少年法治教育，在开学第一课、毕业仪式中有机融入法治教育内容。加强对高等院校学生的法治教育，增强其法治观念和参与法治实践的能力。强化学校、家庭、社会"三位一体"的青少年法治教育格局，加强青少年法治教育基地建设和网络建设；各地区各部门要根据实际需要，从不同群体的特点出发，因地制宜开展有特色的法治宣传教育。突出加强对企业经营管理人员的法治宣传教育，引导他们树立诚信守法、爱国敬业意识，提高依法经营、依法管理能力。加强对农民工等群体的法治宣传教育，帮助、引导他们依法维权，自觉运用法律手段解决矛盾纠纷。

（二）工作措施

第七个法治宣传教育五年规划从2016年开始实施，至2020年结束。各地区各部门要根据本规划，认真制定本地区本部门规划，深入宣传发动，全面组织实施，确保第七个五年法治宣传教育规划各项目标任务落到实处。

1.健全普法宣传教育机制

各级党委和政府要加强对普法工作的领导，宣传、文化、教育部门和人民团体要在普法教育中发挥职能作用。把法治教育纳入精神文明创建内容，开展群众性法治文化活动。人民团体、社会组织要在法治宣传教育中发挥积极作用，健全完善普法协调协作机制，根据各自特点和实际需要，有针对性地组织开展法治宣传教育活动。积极动员社会力量开展法治宣传教育，加强各级普法讲师团建设，选聘优秀法律和党内法规人才充实普法讲师团队伍，组织开展专题法治宣讲活动，充分发挥讲师团在普法工作中的重要作用。鼓励引导司法和行政执法人员、法律服务人员、大专院校法律专业师生加入普法志愿者队伍，畅通志愿者服务渠道，健全完善管理制度，培育一批普法志愿者优秀团队和品牌活动，提高志愿者普法宣传水平。加强工作考核评估，建立健全法治宣传教育工作考评指导标准和指标体系，完善考核办法和机制，注重考核结果的运用。健全激励机制，认真开展"七五"普法中期检查和总结验收，加强法治宣传教育先进集体、先进个人表彰工作。围绕贯彻中央关于法治宣传教育的总体部署，健全法治宣传教育工作基础制度，加强地方法治宣传教育条例制定和修订工作，制定国家法治宣传教育法。

2. 健全普法责任制

实行国家机关"谁执法谁普法"的普法责任制，建立普法责任清单制度。建立法官、检察官、行政执法人员、律师等以案释法制度，在执法司法实践中广泛开展以案释法和警示教育，使案件审判、行政执法、纠纷调解和法律服务的过程成为向群众弘扬法治精神的过程。加强司法、行政执法案例整理编辑工作，推动相关部门面向社会公众建立司法、行政执法典型案例发布制度。落实"谁主管谁负责，谁执法谁普法"的普法责任，各行业、各单位要在管理、服务过程中，结合行业特点和特定群体的法律需求，开展法治宣传教育。健全媒体公益普法制度，广播电视、报纸期刊、互联网和手机媒体等大众传媒要自觉履行普法责任，在重要版面、重要时段制作刊播普法公益广告，开设法治讲堂，针对社会热点和典型案（事）例开展及时权威的法律解读，积极引导社会法治风尚。各级党组织要坚持全面从严治党、依规治党，切实履行学习宣传党内法规的职责，把党内法规作为学习型党组织建设的重要内容，充分发挥正面典型倡导和反面案例警示作用，为党内法规的贯彻实施营造良好氛围。

3. 推进法治宣传教育工作创新

要创新工作理念，坚持服务党和国家工作大局、服务人民群众生产生活，努力培育全社会法治信仰，增强法治宣传教育工作实效。针对受众心理，创新方式方法，坚持集中法治宣传教育与经常性法治宣传教育相结合，深化法律进机关、进乡村、进社区、进学校、进企业、进单位的"法律六进"主题活动，完善工作标准，建立长效机制。创新载体阵地，充分利用广场、公园等公共场所开展法治宣传教育，有条件的地方建设宪法法律教育中心。在政府机关、社会服务机构的服务大厅和服务窗口增加法治宣传教育功能。积极运用公共活动场所电子显示屏、服务窗口触摸屏、公交移动电视屏、手机屏等，推送法治宣传教育内容。充分运用互联网传播平台，加强新媒体新技术在普法中的运用，推进"互联网＋"法治宣传行动。开展新媒体普法益民服务，组织新闻网络开展普法宣传，更好地运用微信、微博、微电影、客户端开展普法活动。加强普法网站和普法网络集群建设，建设法治宣传教育云平台，实现法治宣传教育公共数据资源开放和共享。适应我国对外开放新格局，加强对外法治宣传工作。

（三）组织领导

1. 切实加强领导

各级党委和政府要把法治宣传教育纳入当地经济社会发展规划，定期听取法治宣传教育工作情况汇报，及时研究解决工作中的重大问题，把法治宣传教育纳入综合绩效考核、综治考核和文明创建考核内容。各级人大要加强对法治宣传教育工作的日常监督和专项检查。健全完善党委领导、人大监督、政府实施的法治宣传教育工作领导体制，加强各级法治宣传教育工作组织机构建设。高度重视基层法治宣传教育队伍建设，切实解决人员配备、基本待遇、工作条件等方面的实际问题。

2. 加强工作指导

各级法治宣传教育领导小组每年要将法治宣传教育工作情况向党委（党组）报告，并报上级法治宣传教育工作领导小组。加强沟通协调，充分调动各相关部门的积极性，发挥各自优势，形成推进法治宣传教育工作创新发展的合力。结合各地区各部门工作实际，分析不同地区、不同对象的法律需求，区别对待、分类指导，不断增强法治宣传教育的针对性。坚持问题导向，深入基层、深入群众调查研究，积极解决问题，努力推进工作。认真总结推广各地区各部门开展法治宣传教育的好经验、好做法，充分发挥先进典型的示范和带动作用，推进法治宣传教育不断深入。

3. 加强经费保障

各地区各部门要把法治宣传教育相关工作经费纳入本级财政预算，切实予以保障，并建立动态调整机制。把法治宣传教育列入政府购买服务指导性目录。积极利用社会资金开展法治宣传教育。

思考题

1. 全面推进依法治国的总目标是什么？

2. 全面推进依法治国的基本原则有哪些？

3. 全面推进依法治国的具体要求有哪些？

4. 行政法的基本原则包括哪些？

5. "七五"普法的指导思想、主要目标和工作原则是什么？

6. "七五"普法的主要任务有哪些？

第二章　习近平关于全面依法治国的重要论述

本 章 要 点

习近平关于中国特色社会主义法治理论和法治实践的新思想，是以习近平同志为总书记的党中央自党的十八大以来结合中国社会主义现代化建设的实践和依法治国的具体要求，面对大量具体的法律问题全面和系统地提出的解决方案，是中国共产党人治国理政集体智慧的结晶。深入学习宣传习近平关于全面依法治国的重要论述，有助于党员干部能够在大是大非面前保持头脑清醒，树立看齐意识，做政治上的明白人；有助于提升党员干部运用法治思维和法治方式解决实际问题的理论水平和实践能力。

第一节　中国特色社会主义法治理论和法治实践的新思想

党的十八大以来，以习近平同志为总书记的党中央围绕着"四个全面"的战略布局，将法治作为治国理政的基本方式，提出了全面推进依法治国的指导思想、总目标、基本原则、重要任务和具体法治改革措施，全面和系统地回答了与中国特色社会主义法治实践相关的重大理论问题，明确了中国特色社会主义法治道路的前进方向，为建设具有中国特色社会主义法治体系、全面推进法治中国建设提供了新的思想源泉和丰富的理论依据。

一、社会主义法治建设的基本原则

党的十一届三中全会明确了新时期社会主义法制建设的十六字方针，即"有法可依、有法必依、执法必严、违法必究"。十六字方针适应改革开放初期拨乱反正、恢复社会主义法制传统的需要，有力地推动了立法、执法、司法、守法以及法律监督、法制教育等各项工作的有序进行，取得了丰硕的成果。

党的十五大报告将"依法治国，建设社会主义法治国家"作为治国方略第一次明确地写进党的重要文件，"依法治国"开始纳入执政党的执政纲领。1999年修改宪法时，"依法治国，建设社会主义法治国家"作为治国方略正式入宪，成为国家根本大法所确立的一项治国理政的基本国策。

党的十八大报告在总结既往中国特色社会主义法治实践经验基础上，正式提出了"科学立法、严格执法、公正司法、全民守法"的"全面推进依法治国"的新理念，对党的十一届三中全会提出的新时期社会主义法制建设的十六字方针"有法可依、有法必依、执法必严、违法必究"作了全新角度的阐述，丰富了社会主义法治建设基本原则的内涵，体现了社会主义法制建设各项基本原则与时俱进的内在要求。

党的十八大以来，习近平面对新世纪我国法治建设出现的新情况和新问题，在多次重要讲话中创造性地运用了重点论、系统论和辩证法等马克思主义的基本立场、观点和方法，对社会主义法治建设基本原则的各项要求作了符合当下中国实际的深入细致的分析和论述，进一步丰富和完善了社会主义法治建设基本原则的内涵。习近平将法治建设与治国理政紧密地结合起来，指出"法治是治国理政的基本方式"；与此同时，还深刻揭示了中国特色社会主义法治建设各项工作之间的有机联系，着重强调"坚持依法治国、依法执政、依法行政共同推进，坚持法治国家、法治政府、法治社会一体建设"的"全面推进依法治国"的新思想、新理念。关于全面推进依法治国在国家治理中的作用，习近平明确指出，全面推进依法治国，必须从我国实际出发，同推进国家治理体系和治理能力现代化相适应，既不能罔顾国情、超越阶段，也不能因循守旧、墨守成规。法律是治国之重器，法治是国家治理体系和治理能力的重要依托。全面推进依法治国是解决党和国家事业发展面临的一系列重大问题，解放和增强社会活力，促进社会公平正义，维护社会和谐稳定，确保党和国家长治久安的根本要求。

习近平关于社会主义法治建设基本原则的论述，对立法、执法、司法和守法等法治工作的各个环节提出了更加科学合理和符合时代特点的高标准和新要求，对于建设法治中国设计了更为切实可行的实现路径，丰富了中国特色社会主义法治理论的思想内涵，提升了中国特色社会主义法治实践的目标期待。

二、"全面推进依法治国"在"四个全面"战略布局中的重要地位和作用

党的十八大报告提出了"确保到2020年实现全面建成小康社会宏伟目标"的时间表和路线图。党的十八大以来，以习近平同志为总书记的党中央围绕着"全面建成小康社会"的宏伟目标，全面统筹小康社会建设、深化改革、法治建设和执政党自身建设之间的辩证关系，提出了"四个全面"的战略布局，从理论上明确了今后一段时间内执政党

的大政方针和政策走向。

　　2014年底，习近平在江苏调研时首次提出"全面建成小康社会、全面深化改革、全面推进依法治国、全面从严治党"的"四个全面"的论述。如何科学地认识"四个全面"之间的辩证关系，涉及执政党指导国家和社会建设的大政方针和政策走向问题。对此，2015年2月2日，习近平在省部级主要领导干部学习贯彻十八届四中全会精神全面推进依法治国专题研讨班开班式上的讲话中，全面系统和创造性地集中论述了"四个全面"战略布局的逻辑关系，深刻阐明了全面推进依法治国在"四个全面"中的重要地位和作用。习近平在论述四者之间的关系时指出："全面建成小康社会是我们的战略目标，全面深化改革、全面推进依法治国、全面从严治党是三大战略举措。要把全面推进依法治国放在'四个全面'的战略布局中来把握，深刻认识全面推进依法治国同其他'三个全面'的关系，努力做到'四个全面'相辅相成、相互促进、相得益彰。"

　　由此可见，"四个全面"中的"全面推进依法治国"是治国理政的重要战略举措。相对于"全面建成小康社会"、"全面深化改革"和"全面从严治党"来说，"全面推进依法治国"是其他"三个全面"所依托的制度平台和保障。全面建成小康社会不仅仅是物质文明的大发展，更是制度文明的繁荣昌盛，只有法治才能造就可持续发展的制度文明。小康社会需要建立在高度文明的法治基础之上，法治小康是小康社会的重要标志。全面深化改革是要改革和清除那些不适应社会生产力发展的制度障碍，为改革不断提供制度的合法性。全面推进依法治国可以为全面深化改革适时提供制度的合法性，使得改革获得源源不断的制度活力。全面从严治党是执政党管党治党的基本要求，执政党依据党内法规管党治党，更需要确保"党在宪法法律范围内活动"。要实现"把权力关进制度的笼子里"的反腐倡廉目标，首要的任务就是应当把权力关进"宪法法律"的笼子，通过全面有序推进依法治国各项法治工作，防止权力不受制度的约束，确保任何组织和个人都不得享有超越宪法法律的特权。全面推进依法治国解决的是国家治理和社会治理的根本问题，涉及方方面面，不依靠法律绝对不行，但仅仅"就法治论法治"，脱离具体的实际情况，也不可能有效地解决实际生活中存在的各种复杂的社会问题和国家治理难题。因此，全面建成小康社会、全面深化改革和全面从严治党都可以从不同角度来为全面推进依法治国提供良好的内外部环境和发展条件。

三、全面推进依法治国的总抓手

　　全面推进依法治国涉及很多方面，在实际工作中必须有一个总揽全局、牵引各方的总抓手，这个总抓手就是建设中国特色社会主义法治体系。依法治国各项工作都要围绕这个总抓手来谋划、来推进。

　　习近平在《关于〈中共中央关于全面推进依法治国若干重大问题的决定〉的说

明》中指出，提出建设中国特色社会主义法治体系这个总目标，既明确了全面推进依法治国的性质和方向，又突出了全面推进依法治国的工作重点和总抓手。所谓"抓手"就是政策的制度落脚点。将"建设中国特色社会主义法治体系"形容为全面推进依法治国的总抓手，对于认识党的十八届四中全会《中共中央关于全面推进依法治国若干重大问题的决定》首次明确"建设中国特色社会主义法治体系"作为全面推进依法治国总目标的意义非常重要。

"建设中国特色社会主义法治体系"这个总抓手可以从两个方面来理解：

一是从依法治国的角度来看。党的十五大报告指出，依法治国，就是广大人民群众在党的领导下，依照宪法和法律规定，通过各种途径和形式管理国家事务，管理经济文化事业，管理社会事务，保证国家各项工作都依法进行，逐步实现社会主义民主的制度化、法律化，使这种制度和法律不因领导人的改变而改变，不因领导人看法和注意力的改变而改变。党的十八届四中全会《中共中央关于全面推进依法治国若干重大问题的决定》从理论体系、实践体系和具体法治体系三个角度明确了中国特色社会主义法治体系的内涵。全面和有效地按照要求将法治体系建设落到实处，必须采取一系列制度措施。这些制度措施必然应体现依法治国的要求，建设中国特色社会主义法治体系的各项具体要求就是落实依法治国的各项制度措施。因此，建设中国特色社会主义法治体系成了全面推进依法治国的制度抓手。

二是从建设社会主义法治国家的角度来看。"建设中国特色社会主义法治体系"从理论与实践、抽象与具体相结合的角度对建设社会主义法治国家进行了制度构建。如果中国特色社会主义法治体系在制度上基本建成，即形成完备的法律规范体系、高效的法治实施体系、严密的法治监督体系、有力的法治保障体系以及完善的党内法规体系，那么，社会主义法治国家的制度表现形式也就基本上完成了。所以，在形式意义上，中国特色社会主义法治体系的建成可以视为制度上判断是否建成了法治国家的具体标准，是法治国家是否在制度上得以实现的抓手。

因此，习近平提出的"建设中国特色社会主义法治体系作为全面推进依法治国的总抓手"的思想，使得依法治国基本方略在路径与目标两个方面的制度内涵都更加清晰，使得我们坚持走中国特色社会主义道路更有信心。只要抓好建设中国特色社会主义法治体系各项工作，抓出具体成效，就能够充分体现中国特色社会主义法治理论的指导意义，形成中国特色社会主义法治实践的主要特征，全面推进依法治国的各项措施也就能够得到有效贯彻落实，社会主义法治国家的实现程度和状况也就有了制度上的最有效的判断标准。

四、宪法在依法治国中的核心地位和作用

2004年9月15日，胡锦涛在纪念全国人大成立50周年大会讲话中提出"依法治国首先要依宪治国"，这是党和国家领导人在正式场合首次论述"依宪治国"与"依

法治国"之间的关系。2012年12月4日，习近平在首都各界纪念现行宪法公布施行30周年大会上的讲话中提出"依法治国首先是依宪治国"。2014年9月5日，习近平在庆祝全国人民代表大会成立60周年大会上的讲话中进一步强调指出："坚持依法治国首先要坚持依宪治国。"上述讲话精神在党的十八届四中全会《中共中央关于全面推进依法治国若干重大问题的决定》中得到了完整的体现。《中共中央关于全面推进依法治国若干重大问题的决定》提出："坚持依法治国首先要坚持依宪治国"，并对宪法在全面推进依法治国中的重要地位和作用进行了非常全面的阐述；对如何发挥宪法的作用以及如何贯彻依宪治国的要求作出了全面和系统的制度安排；从完善宪法理论和加强宪法实施等角度，提出了明确的目标和要求。这是我党第一次以党的文件形式大篇幅强调宪法相关内容，为在实践中推动宪法实施起到了非常重要的保障作用。

习近平关于"依法治国首先是依宪治国"的论述，最核心的思想就是突出强调宪法作为根本法在全面推进依法治国中的基础性地位和重要作用。从概念上看，依法治国与依宪治国的区别在于"法"与"宪"。由此，依法治国与依宪治国的关系也可以简化成"法"与"宪"的关系。广义上讲，"法"包含了宪法。宪法是根本法，在中国特色社会主义法律体系中居于统帅地位。因此依法治国的"法"最重要的应当是宪法，依宪治国应是依法治国的基础和核心内容。如果宪法不能成为治国的依据，那么依法治国就可能出现"法出多门""政出多门"的弊端，继而妨碍依法治国的落实。狭义上讲，"法"则是指由国家立法机关根据宪法制定的法律规范。如果依法治国中的"法"只是指这些法律法规，很显然是存在内容和价值缺陷的。如果只讲依法治国，不讲依宪治国，那么依法治国就无从抓起。所以，从理论上看，不论是从广义上，还是狭义上来理解依法治国的"法"的含义，都不可能脱离依宪治国。从实践来看，强调依宪治国在依法治国中的突出地位，关键是要正确处理宪法与部门法之间的关系，树立宪法法律至上的理念，特别是要使每一项立法都符合宪法精神，保证一切法律、法规、规章与宪法相一致，不得与宪法相抵触。同时还要保证政策与法律的一致性和法律法规内在的有机统一。对于一切违反宪法的行为都必须予以追究，维护宪法的权威和法制的统一性。

五、加强宪法法律实施工作的意义和制度完善路径

党的十八大以来，以习近平同志为总书记的党中央在全面构建中国特色社会主义法治理论的基本内涵、准确指明中国特色社会主义法治道路发展方向的过程中，非常重视宪法和法律实施工作，始终不渝地把宪法和法律实施放在全面推进依法治国各项法治工作的首要位置予以重点落实。

在首都各界纪念现行宪法公布施行30周年大会上的讲话中，习近平指出："宪法的生命在于实施，宪法的权威也在于实施。我们要坚持不懈抓好宪法实施工作，把全面贯彻实施宪法提高到一个新水平。"在庆祝全国人民代表大会成立60周年大会上的讲话中，他进一步强调指出："加强和改进法律实施工作。法律的生命力在于实施，法律的权威也在于实施。'法令行则国治，法令弛则国乱。'各级国家行政机关、审判机关、检察机关是法律实施的重要主体，必须担负法律实施的法定职责，坚决纠正有法不依、执法不严、违法不究现象，坚决整治以权谋私、以权压法、徇私枉法问题，严禁侵犯群众合法权益。"

2014年10月23日，习近平在党的十八届四中全会第二次全体会议上的讲话中，对如何加强宪法和法律实施工作作了进一步阐述。他指出："天下之事，不难于立法，而难于法之必行。"依法治国是我国宪法确定的治理国家的基本方略，而能不能做到依法治国，关键在于党能不能坚持依法执政，各级政府能不能依法行政。我们要增强依法执政意识，坚持以法治的理念、法治的体制、法治的程序开展工作，改进党的领导方式和执政方式，推进依法执政制度化、规范化、程序化。执法是行政机关履行政府职能、管理经济社会事务的主要方式，各级政府必须依法全面履行职能，坚持法定职责必须为、法无授权不可为，健全依法决策机制，完善执法程序，严格执法责任，做到严格、规范、公正、文明执法。

总之，从宪法和法律实施工作入手来抓法治，是习近平全面推进依法治国思想中最具特色的亮点，也是习近平治国理政"言必信、行必果"理念在法治实践中的具体体现。注重宪法的实施更是各项法律实施工作的重中之重。习近平在《关于〈中共中央关于全面推进依法治国若干重大问题的决定〉的说明》中着重强调："宪法是国家的根本法。法治权威能不能树立起来，首先要看宪法有没有权威。必须把宣传和树立宪法权威作为全面推进依法治国的重大事项抓紧抓好，切实在宪法实施和监督上下功夫。"对于如何有效地推进宪法和法律实施工作，习近平在全面论述党与法的关系、充分肯定党对全面推进依法治国工作的领导作用的前提下，明确指出了执政党要在全面推进依法治国、保证宪法和法律实施工作中发挥主导作用。在首都各界纪念现行宪法公布施行30周年大会上的讲话中，习近平指出："党领导人民制定宪法和法律，党领导人民执行宪法和法律，党自身必须在宪法和法律范围内活动，真正做到党领导立法、保证执法、带头守法。"

由此可见，以习近平同志为总书记的党中央不仅继承和发展了改革开放以来我党在社会主义法治建设方面一系列重大理论成果和大政方针，而且还结合当下我国法治建设所遇到的新情况、新问题以及全面推进依法治国所面临的新任务和新要求，创造性地提出了关于中国特色社会主义法治理论和法治实践的新理念和新思想，并且通过党的十八届四中全会《中共中央关于全面推进依法治国若干重大问题的决定》加以制度化、规范化，成为我党依法执政的重要指导思想和行动纲领，坚定了走中国特色社会主义法治道路的信念，开创了国家治理和社会治理现代化和法治化的新局面。

第二节　习近平依宪治国与依宪执政思想的理论贡献

党的十八大以来，以习近平同志为总书记的党中央不断推进中国特色社会主义法治理论的完善和实践的深入发展，全面和系统地提出了全面推进依法治国的行动纲领，为依法治国、建设社会主义法治国家指明了具体和明确的发展方向。其中，习近平依宪治国与依宪执政思想作为全面推进依法治国的核心价值和理论基础，在构建中国特色社会主义法治理论、建设中国特色社会主义法治体系和坚持走中国特色社会主义法治道路方面，起到了统筹全局、引领各方的导向作用，是马克思主义法律观和法学思想在当代中国具体化的体现。深入学习和研究习近平依宪治国与依宪执政思想，有助于进一步推动马克思主义法律观和法学思想的中国化，充分发挥宪法作为国家根本法在全面推进依法治国中的基础性保障作用，树立宪法至上的价值理念。

一、习近平依宪治国与依宪执政思想的形成过程

习近平依宪治国与依宪执政思想的形成，是以习近平为总书记的党中央治国理政集体智慧的结晶。同时，作为习近平依宪治国与依宪执政思想的主要创建者，习近平本人在地方和中央的工作经历也对其产生了重要的影响。

依宪治国与依宪执政思想是习近平同志在长期的从政实践中，运用马克思主义法律观和法学思想的基本立场与方法，通过不断总结依法治国的实践经验所进行的理论创新，该理论逐渐成熟并最终在党的文件中正式予以确认。习近平依宪治国与依宪执政思想的产生和走向成熟，具有鲜明的实践性、时代性特征，反映了马克思主义法律观和法学思想中国化的客观规律。

首先，习近平依宪治国与依宪执政思想来源于习近平同志长期的地方从政实践经验，具有鲜明的实践性特征。第一次提到"依宪治国"概念的正式文件，是时任全国人大常委会委员长的李鹏于2002年3月9日在九届全国人大五次会议上所作的《2002年全国人民代表大会常务委员会工作报告》。该报告指出："今年是现行宪法颁布实施二十周年。宪法以法律形式确认了我国各族人民的奋斗成果，规定了国家的根本制度和根本任务，是党的主张和人民意志的高度统一，是国家的根本法。依法治国首先要依宪治国。"同一时期，在同一个正式公开发表的文件中将"依宪治国"和"依宪执政"并提的是时任浙江省代省长的习近平同志在2002年12月4日发

表的主题为《全面贯彻实施宪法，促进社会主义政治文明建设》的文章。在该文中，习近平同志结合浙江省依法治省的实际，全面论述了宪法在依法治国中的重要地位和作用。习近平同志作为地方领导人，率先提出了依宪治国、依宪治省、依宪执政、依宪办事等依据宪法治国理政的思想，表现出了巨大的理论勇气。2006年4月25日，习近平在浙江省委十一届十次全会上所作的报告中，第一次非常明确地提出把宪法视为治理国家的核心，他指出："坚持依法治国，其核心就是要确立和实现以宪法和法律为治理国家的最具权威价值的取向。"

习近平在地方从政期间，根据地方工作的特点，逐渐地形成了依据宪法治国理政的思想，对宪法作为根本法在治国理政的地位和作用形成了较为系统的认识。这些从基层工作实践中不断总结出来的依宪治理思想，为习近平担任总书记之后形成全面和系统的依宪治国与依宪执政思想奠定了理论基础。

党的十八大之后，以习近平同志为总书记的党中央高度重视宪法在治国理政中的基础性地位，以全面推进国家治理体系和治理能力现代化和全面推进依法治国的战略布局为契机，及时和系统地提出了以"依宪治国"和"依宪执政"为核心要义的依宪治理思想，形成了依宪治理的思想体系，从理论与实践两个方面有机结合的角度为加强宪法实施、维护宪法权威、充分发挥宪法作为根本法在建设中国特色社会主义法律体系和中国特色社会主义法治体系中的核心作用提供了明确的理论指引和行动纲领。

2012年12月4日，习近平在首都各界纪念现行宪法正式施行30周年大会上的讲话（以下简称"12·4"讲话）中，将"依法治国"与"依宪治国"之间的关系从2004年9月15日胡锦涛总书记在纪念全国人大成立50周年大会上的讲话中提出的"依法治国首先要依宪治国"中的"首先要"提升为"首先是"，并将"依法执政"与"依宪执政"之间的关系从"首先要"表述为"关键是"。习近平在"12·4"讲话中明确指出："依法治国首先是依宪治国，依法执政关键是依宪执政"。虽然是一字之差，"要"和"是"却反映了以习近同志为总书记的党中央对"依宪治国"在推进"依法治国"中具有的作用所产生的思想认识上的"飞跃"——"是"已经明确肯定"依宪治国"是"依法治国"的重要事项，是不可改变的客观事实；而"要"只是表示了一种"希望"和"应该"，是一种对理想目标的价值追求。同理，"12·4"讲话也明确肯定了依宪执政在依法执政中的核心地位。

在"12·4"讲话中，习近平非常明确地阐述了"依宪治国"与"依法治国"、"依宪执政"与"依法执政"的相互关系，为习近平依宪治国与依宪执政思想的正式形成奠定了理论基础。2014年9月5日，习近平在纪念全国人大成立60周年大会上的讲话中明确指出："坚持依法治国首先要坚持依宪治国，坚持依法执政首先要坚持依宪执政。"上述讲话精神已经将依宪治国与依法治国、依宪执政与依法执政的关系上升到法治实践的层面，强调了习近平依宪治国与依宪执政思想必须在执政党贯彻落实依法执政和依法治国的行动纲领中得到"坚持"。2014年10月23日，党的十八届四中全会审议通过的《中共中央关于全面推进依法治国若干重大问题的决定》充分肯定和直接采用了习近平2014年9月5日在纪念全国人大成立60周年大会讲话中阐明的"坚持依法治国首先要坚持依宪治国，坚持依法执政首先要坚持依宪执政"主张，这表明习近平依宪治国与依宪执政思想通过该决定的政策确认已经成为全面推进依法治国各项工作的行动纲领。习近平2015年2月2日在省部级主要领导干部学习贯彻党的十八届四中全会精神全面推进依法治国专题研讨会班上的讲话中进一步强调："坚持依宪治国、依宪执政，就包括坚持宪法确定的中国共产党领导地位不动摇，坚持宪法确定的人民民主专政的国体和人民代表大会制度的政体不动摇。任何人以任何借口否定中国共产党领导和我国社会主义制度，都是错误的、有害的，都是违反宪法的，都是绝对不能接受的。"自此，习近平依宪治国与依宪执政思想与中国的政治制度紧密结合在一起，成为以习近平同志为总书记的党中央治国理政的逻辑大前提和出发点，是马克思主义宪法观与中国实际具体相结合的产物，是马克思主义中国化的又一个巨大的理论成果，具有统揽全局、引领各方的时代性特征。当然，习近平依宪治国与依宪执政思想是中国共产党领导层集体智慧的结晶，习近平本人在形成依宪治国与依宪执政思想的过程中起到了决定性作用。

二、习近平依宪治国与依宪执政思想对全面推进依法治国的理论贡献

习近平依宪治国与依宪执政思想是习近平同志在长期的从政实践中通过总结地方和中央法治建设的实际经验提出并最终得到完善，成为执政党全面推进依法治国的指导思想和行动纲领。从理论上来看，习近平依宪治国与依宪执政思想形成于习近平同志在地方的从政实践，在党的十八大之后不断得到完善，并在2012年12月4日首都各界纪念现行宪法正式施行30周年大会上的讲话中得到了全面和系统性的理论阐述，为党的十八届四中全会《中共中央关于全面推进依法治国若干重大问题的决定》关于中国特色社会主义法治理论的最终形成奠定了思想和理论基础。

在河北正定县担任县委书记期间，习近平同志在日常工作中就注重宪法的作用，强调普法工作中要积极努力地宣传宪法。1983年，习近平在《共同维护妇女儿童的合法权益》一文中强调，要大力进行法制宣传、教育，认真学习宪法、法律，使人民群众知法、依法，自觉同各种违法行为进行斗争，共同维护国家赋予妇女儿童的

权益。1994年，习近平同志担任福州市委书记时，在《发挥人大职能作用 加强地方立法 促进社会主义市场经济体制的建立和完善》一文中指出："解放思想就是以积极的态度去对待立法中遇到的问题和难点，在不与宪法、法律和行政法规相抵触的前提下，从本地的实际情况和需要出发，根据邓小平同志提出的'三个有利于'的标准，只要改革开放和市场经济发展需要，看准了，可以大胆去试验。"上述论述较早地关注了改革与宪法的关系，突出强调了重大改革举措的出台不得与宪法相抵触，为日后形成"凡属重大改革都要于法有据"这一法治下的改革理念奠定了合宪性的基础。2005年，习近平同志担任浙江省委书记时在《巩固执政基础，增强执政本领》一文中进一步指出："结合浙江实际，我们提出了建设法治社会的总体要求，强调要以宪法和法律为依据，把坚持党的领导、人民当家作主和依法治国有机统一起来。"在该文中，习近平同志把"以宪法为依据"作为建设法治社会的基本要求，进一步明确了宪法实施与法治建设的相互关系，强调了宪法在法治建设中的基础性地位。2005年至2006年间，习近平同志在《弘扬法治文化 建设"法治浙江"——写在"五五"普法启动之际》《弘扬法治文化 建设"法治浙江"》等文章中进一步提出："要突出抓好宪法的学习宣传，形成崇尚宪法、遵守宪法、维护宪法的良好氛围，使宪法在全社会得到普遍遵行。"上述论述已经从一般性地强调宪法在治国理政中的基础性地位逐渐发展到如何通过推进宪法实施来有效地贯彻落实依宪治国与依宪执政思想。

党的十八大以后，习近平作为党的总书记，先后就依宪治国与依宪执政发表了一系列重要讲话，其中最直接和最全面系统地阐述依宪治国与依宪执政思想的就是"12·4"讲话。在"12·4"讲话中，习近平从以下几个方面全面和系统地阐述了依宪治国与依宪执政思想的基本内涵和特征：

（一）从执政党的执政方式高度来阐明依宪治国、依宪执政的意义

习近平指出，坚持党的领导，更加注重改进党的领导方式和执政方式。依法治国，首先是依宪治国；依法执政，关键是依宪执政。新形势下，我们党要履行好执政兴国的重大职责，必须依据党章从严治党、依据宪法治国理政。党领导人民制定宪法和法律，党领导人民执行宪法和法律，党必须在宪法和法律范围内活动，真正做到党领导立法、保证执法、带头守法。上述讲话内容，不仅明确了依宪治国与依法治国、依宪执政与依法执政之间的辩证关系，更重要的是，把"依据宪法治国理政"作为执政党执政兴国的"重大职责"，非常明确地把依宪治国、依宪执政视为执政党一切工作的基础和出发点，凸显了依宪治国、依宪执政的重要地位。

（二）对宪法的法律特征作了全新的阐述，对宪法在改革开放中的重要作用和地位作了充分肯定，弘扬了宪法的法律权威

首先，习近平在总结现行宪法正式施行30周年取得的经验和成就基础上，对宪

法的根本法特征作了准确的概括，指出我国宪法以国家根本法的形式确立了中国特色社会主义道路、中国特色社会主义理论体系、中国特色社会主义制度的发展成果，反映了我国各族人民的共同意志和根本利益，成为历史新时期党和国家的中心工作、基本原则、重大方针、重要政策在国家法制上的最高体现。

其次，习近平认为，现行宪法正式施行30年来的发展历程充分证明，我国宪法是符合国情、符合实际、符合时代发展要求的好宪法，是充分体现人民共同意志、充分保障人民民主权利、充分维护人民根本利益的好宪法，是推动国家发展进步、保证人民创造幸福生活、保障中华民族实现伟大复兴的好宪法，是我们国家和人民经受住各种困难和风险考验、始终沿着中国特色社会主义道路前进的根本法制保证。这给那些企图以各种借口否定我国现行宪法存在的正当性及宪法实施成就的错误观点予以有力回击。

最后，习近平对建国后宪法在我国政治生活中的重要地位作了进一步强调，指出"追溯至新中国成立以来60多年我国宪法制度的发展历程，我们可以清楚地看到，宪法与国家前途、人民命运息息相关。维护宪法权威，就是维护党和人民共同意志的权威。捍卫宪法尊严，就是捍卫党和人民共同意志的尊严。"从上述内容可以看出，习近平运用马克思主义的辩证思维方法将宪法视为党和人民共同意志的产物，并把维护宪法尊严和权威与维护党和人民共同意志的尊严和权威联系在一起，全面回答了宪法与党、宪法与人民的关系，在宪法、执政党与人民之间确立了牢不可破的逻辑与制度联系，体现了宪法作为根本法的党性与人民性的高度统一。

（三）对依宪治国与依宪执政思想在制度实践中的要求作了全面和系统的阐述，指出宪法实施与监督是实践依法治国与依宪执政思想的具体制度保障路径

在"12·4"讲话中，习近平首先强调了加强宪法实施工作的必要性。他指出，宪法是国家的根本法，是治国安邦的总章程，具有最高的法律地位、法律权威、法律效力，具有根本性、全局性、稳定性、长期性。宪法的生命在于实施，宪法的权威也在于实施。全面贯彻实施宪法，是建设社会主义法治国家的首要任务和基础性工作。我们要坚持不懈抓好宪法实施工作，把全面贯彻实施宪法提高到一个新水平。

关于如何加强宪法实施工作，习近平在"12·4"讲话中明确提出了四点要求：

一是坚持正确政治方向，坚定不移走中国特色社会主义政治发展道路。要坚持国家一切权力属于人民的宪法理念，最广泛地动员和组织人民依照宪法和法律规定，通过各级人民代表大会行使国家权力，通过各种途径和形式管理国家和社会事务、管理经济和文化事业，共同建设，共同享有，共同发展，成为国家、社会和自己命运的主人。要按照宪法确立的民主集中制原则、国家政权体制和活动准则，实行人

民代表大会统一行使国家权力，实行决策权、执行权、监督权既有合理分工又有相互协调，保证国家机关依照法定权限和程序行使职权、履行职责，保证国家机关统一有效组织各项事业。要根据宪法确立的体制和原则，正确处理中央和地方关系，正确处理民族关系，正确处理各方面利益关系，调动一切积极因素，巩固和发展民主团结、生动活泼、安定和谐的政治局面。

二是落实依法治国基本方略，加快建设社会主义法治国家。要以宪法为最高法律规范，继续完善以宪法为统帅的中国特色社会主义法律体系，把国家各项事业和各项工作纳入法制轨道，实行有法可依、有法必依、执法必严、违法必究，维护社会公平正义，实现国家和社会生活制度化、法制化。

三是坚持人民主体地位，切实保障公民享有权利和履行义务。要在全社会加强宪法宣传教育，提高全体人民特别是各级领导干部和国家机关工作人员的宪法意识和法制观念，弘扬社会主义法治精神，努力培育社会主义法治文化，让宪法家喻户晓，在全社会形成学法尊法守法用法的良好氛围。

四是坚持党的领导，更加注重改进党的领导方式和执政方式。善于使党的主张通过法定程序成为国家意志，善于使党组织推荐的人选成为国家政权机关的领导人员，善于通过国家政权机关实施党对国家和社会的领导，支持国家权力机关、行政机关、审判机关、检察机关依照宪法和法律独立负责、协调一致地开展工作。

（四）强调解决法制统一性是宪法的重要制度功能

习近平在"12·4"讲话中第一次明确提出"坚持依法治国、依法执政、依法行政共同推进，坚持法治国家、法治政府、法治社会一体建设"思想，这一思想的理论源头是依宪治国与依宪执政思想。我国现行宪法第五条明确规定，国家维护社会主义法制的统一和尊严。据此，法治建设的不同环节与不同目标，都必须在宪法的指导下具有内在的统一性。"依法治国、依法执政、依法行政"不是单兵突进，而是要相互依赖、相互配合，保持彼此的一致性，形成法治建设的"合力"。而"法治国家、法治政府、法治社会"中的"法治"，实质上是建立在以宪法为核心的中国特色社会主义法律体系以及中国特色社会主义法治体系基础上的法治中国建设的总体目标，相互之间紧密关联，彼此促进，只有一体建设，才能稳定推进，最终实现各项既定目标。

总之，"12·4"讲话构成了习近平依宪治国与依宪执政思想的最全面和最系统的理论源泉，真正体现了依据宪法治国理政思想的特色，即宪法至上、宪法是根本法、宪法是全面推进依法治国的制度基础、宪法实施是依宪治理最重要的制度表现形式等宪法原则，为全面推进依法治国、弘扬宪法权威作出了巨大的理论贡献。

第三节 习近平依宪治国与依宪执政思想的实践意义

习近平依宪治国与依宪执政思想在"12·4"讲话得到全面和系统的阐述之后，逐渐成为指导全面推进依法治国的行动纲领。最重要的实践意义就是在政策层面得到了有效的贯彻落实。2014年10月23日，党的十八届四中全会审议通过的《中共中央关于全面推进依法治国若干重大问题的决定》比较全面和系统地确认了习近平依宪治国与依宪执政思想在全面推进依法治国中的指导思想地位，并通过该决定所规定的具体制度措施将依宪治国与依宪执政思想转化为全面推进依法治国的法治实践。特别是将加强宪法实施和监督作为贯彻落实习近平依宪治国与依宪执政思想的具体制度措施，从而保证了依宪治国与依宪执政思想能够及时和有效地推动依法治国的具体实践走向深入。

《中共中央关于全面推进依法治国若干重大问题的决定》全文1万7千字，涉及"宪法"一词共38处，"宪"字一词共41处，突出了宪法作为根本法在全面推进依法治国中的重要地位。其中明确规定要"健全宪法实施和监督制度"。

首先，《中共中央关于全面推进依法治国若干重大问题的决定》进一步明确了现行宪法序言所规定的宪法实施的职责，即"全国各族人民、一切国家机关和武装力量、各政党和各社会团体、各企业事业组织，都必须以宪法为根本的活动准则，并且负有维护宪法尊严、保证宪法实施的职责"，"一切违反宪法的行为都必须予以追究和纠正"。

其次，《中共中央关于全面推进依法治国若干重大问题的决定》对宪法实施监督提出了更高的要求，强调要"完善全国人大及其常委会宪法监督制度，健全宪法解释程序机制。加强备案审查制度和能力建设，把所有规范性文件纳入备案审查范围，依法撤销和纠正违宪违法的规范性文件，禁止地方制发带有立法性质的文件"。

最后，为了进一步推动宪法实施工作的顺利进行，《中共中央关于全面推进依法治国若干重大问题的决定》还规定了宪法实施的若干保障制度，包括国家宪法日制度和宪法宣誓制度。习近平在《关于〈中共中央关于全面推进依法治国若干重大问题的决定〉的说明》中非常清晰地解释了加强宪法实施和监督工作对于贯彻落实依宪治国与依宪执政思想的重要意义。他指出："法治权威能不能树立起来，首先要看宪法有没有权威。必须把宣传和树立宪法权威作为全面推进依法治国的重大事项抓紧抓好，切实在宪法实施和监督上下功夫。"建立宪法宣誓制度，"有利于彰显宪法权威，增强公职人员宪法观念，激励公职人员忠于和维护宪法，也有利于在全社会增强宪法意识、树立宪法权威"。

党的十八届四中全会之后，以习近平依宪治国与依宪执政思想为指导，根据《中共中央关于全面推进依法治国若干重大问题的决定》的要求，依宪治国与依宪执政的制度实践有条不紊地展开，取得了可喜的成绩。

第一，2014年11月1日，十二届全国人大十一次会议审议通过了《全国人民代表大会常务委员会关于设立国家宪法日的决定》，根据该决定，将12月4日设立为国家宪法日。国家通过多种形式开展宪法宣传教育活动。2015年12月4日，我国迎来了第一个国家宪法日，中共中央总书记、国家主席、中央军委主席习近平作出重要指示。他强调，宪法是国家的根本法，是治国安邦的总章程，是党和人民意志的集中体现，具有最高的法律地位、法律权威、法律效力。要以设立国家宪法日为契机，深入开展宪法宣传教育，大力弘扬宪法精神，切实增强宪法意识，推动全面贯彻实施宪法，更好发挥宪法在全面建成小康社会、全面深化改革、全面推进依法治国中的重大作用。

第二，2015年7月1日，十二届全国人大十五次会议审议通过了《全国人民代表大会常务委员会关于实行宪法宣誓制度的决定》，该决定规定各级人民代表大会及县级以上各级人民代表大会常务委员会选举或者决定任命的国家工作人员，以及各级人民政府、人民法院、人民检察院任命的国家工作人员，在就职时应当公开进行宪法宣誓。该决定还规定了宪法宣誓的誓词："我宣誓：忠于中华人民共和国宪法，维护宪法权威，履行法定职责，忠于祖国、忠于人民，恪尽职守、廉洁奉公，接受人民监督，为建设富强、民主、文明、和谐的社会主义国家努力奋斗！"2016年2月26日下午，十二届全国人大常委会在人民大会堂首次举行宪法宣誓仪式，张德江委员长主持并监誓十二届全国人大常委会十九次会议任命的全国人大有关专门委员会副主任委员、常委会工作委员会副主任等六名国家工作人员宣誓。最高国家权力机关带头遵守《全国人民代表大会常务委员会关于实行宪法宣誓制度的决定》，在全国各级国家机关中起到了率先示范的作用。

第三，党的十八届四中全会《中共中央关于全面推进依法治国若干重大问题的决定》要求："使每一项立法都符合宪法精神"。据此，依据宪法来立法，保证各项立法"于宪有据"，成为享有国家立法权的最高国家立法机关立法的一项重要原则。2015年3月15日，十二届全国人大三次会议修正的《中华人民共和国立法法》第三条明确规定："立法应当遵循宪法的基本原则，以经济建设为中心，坚持社会主义道路、坚持人民民主专政、坚持中国共产党的领导、坚持马克思列宁主义毛泽东思想邓小平理论，坚持改革开放。"2015年7月1日，十二届全国人大常委会十五次会议审议通过的《中华人民共和国国家安全法》第七条明确规定："维护国家安全，应当遵守宪法和法律，坚持社会主义法治原则，尊重和保障人权，依法保护公民的权利和自由。"由此可见，宪法在立法中的权威正在得到确立，依据宪法制定法律，使每一项立法都符合宪法精神正在成为我国各级各类立法机关制定法律、法规、规章必须严格遵循的最基本的立法原则。

第四，习近平依宪治国与依宪执政思想在实践中与"一国两制"原则有机地结合起来，进一步树立了宪法作为根本法在特别行政区治理中的核心地位。党的十八届四中全会《中共中央关于全面推进依法治国若干重大问题的决定》明确提出："坚持宪法的最高法律地位和最高法律效力，全面准确贯彻'一国两制'、'港人治港'、'澳人治澳'、高度自治的方针，严格依照宪法和基本法办事，完善与基本法实施相关的制度和机制，依法行使中央权力，依法保障高度自治，支持特别行政区行政长官和政府依法施政，保障内地与香港、澳门经贸关系发展和各领域交流合作，防范和反对外部势力干预港澳事务，保持香港、澳门长期繁荣稳定。"坚持宪法的最高法律地位，就要求在贯彻落实"一国两制"原则时，在保证特别行政区"两制"的同时必须坚持"一国"这个制度大前提。具体来说，在保证特别行政区依据基本法享有高度自治权的同时，必须要保证中央对特别行政区依据宪法和基本法有效地行使全面管治权，在特别行政区有效地维护国家主权。《"一国两制"在香港特别行政区的实践》白皮书对中央享有的对特别行政区全面管治权作出了明确的解释，即中央依法履行宪法和香港基本法赋予的全面管治权和宪制责任，有效管治香港特别行政区。把中央的"宪制责任"摆在特别行政区高度自治的前面，这一理念充分体现了习近平依宪治国与依宪执政思想对如何在港澳特别行政区进一步有效地贯彻落实"一国两制"原则所产生的深刻影响。

第五，党的十八大把法治政府基本建成确立为到2020年全面建成小康社会的重要目标之一，意义重大、影响深远、任务艰巨。近期，中共中央、国务院印发的《法治政府建设实施纲要（2015—2020）》明确规定了法治政府的"衡量标准"为："政府职能依法全面履行，依法行政制度体系完备，行政决策科学民主合法，宪法法律严格公正实施，行政权力规范透明运行，人民权益切实有效保障，依法行政能力普遍提高。"该纲要把"宪法严格公正实施"作为法治政府的重要"衡量标准"，这说明习近平依宪治国与依宪执政思想对全面推进依法治国实践的影响涉及立法、执法等等法治建设的所有领域和各个方面。宪法作为根本法是一切国家机关、社会组织和公民个人行为的基本准则。

第六，习近平依宪治国与依宪执政思想对司法改革的实践起到了非常重要的指导作用。党的十八届四中全会《中共中央关于全面推进依法治国若干重大问题的决定》在规定司法体制改革措施时突出强调要"加强人权司法保障"。2004年宪法第四次修改时，把"国家尊重和保障人权"写进了宪法。如何在国家机关行使国家权力的过程中尊重和保障人权，这是我国宪法实施的一项重要任务。为了贯彻宪法规定的"国家尊重和保障人权"的思想，人民法院、人民检察院在根据党的十八届三中全会《关于全面深化改革若干重大问题的决定》和十八届四中全会《中共中央关于全面推进依法治国若干重大问题的决定》关于司法体制改革的各项规定进行司法改革的过程中，对宪法以及宪法所规定的"国家尊重和保障人权"原则都给予了应有的关注，将习近平依宪治国与依宪执政思想贯穿到司法体制改革的全过程，坚持依据宪法来推进司法改革，通过司法改革来加强司法对宪法所规定的人权保障。2015年2月26日，最高人民法院发布的《最高人民法院关于全面深化人民法院改革的意见》（法发〔2015〕3号）明确宣布："人民法院深化司法改革，应当坚持以宪法法律为依据，立足中国国情，依法有序推进，实现重大改革于法有据，推动将符合司法规律和公正司法要求的改革举措及时上升为法律。"《关于深化检察改革的意见（2013—2017年工作规划）》对检察体制改革也提出明确的原则要求："坚持以宪法和法律为依据。遵循法治原则，依法有序推进。凡需要修改法律的，在相关法律修改后实施；需要得到法律授权的，按法律程序进行。"在司法体制改革中，坚持依宪治国与依宪执政思想的指导，逐步体现在人民法院的司法审判实践中，适用到司法判决的案例里，说明习近平依宪治国与依宪执政思想深入人心，对法官的司法判决已开始产生深刻的影响。

最后，习近平依宪治国与依宪执政思想不仅对治国理政的实践产生了实质性的影响和指导作用，对于全面从严治党也起到了非常重要的指引作用。十八届四中全会《中共中央关于全面推进依法治国若干重大问题的决定》明确规定：依法执政，既要求党依据宪法法律治国理政，也要求党依据党内法规管党治党。根据该决定提出的"坚持依法执政首先要坚持依宪执政"的要求，可以合理地推论，依宪执政至少应当包括两层含义：一是执政党依据宪法治国理政，即"依宪治国"；二是执政党除了依据党内法规管党治党之外，也应当依据国家宪法管党治党。习近平依宪治国与依宪执政思想，归根到底可以概括为执政党"依宪执政"理念。除了必须"依宪治国"之外，依宪执政理念还包含了执政党要根据国家宪法来管党治党，实行全面从严治党的各项目标。党的十八大以来，以习近平为总书记的党中央在坚持依宪执政、从严治党方面推出了一系列举措，包括坚持"党在宪法和法律范围内活动"原则，以及在党内法规中明确了国家宪法的重要地位。用宪法来管党治党，不仅要求普通党员、党组织的行为要符合宪法规定，党内立法机构制定的党内法规也要符合国家宪法的规定。《中国共产党党内法规和规范性文件备案规定》第七条第二项明确规定，中央办公厅对报送中央备案的党内法规和规范性文件进行审查。审查的事项包括"是否同宪法和法律不一致"。由此可见，依据宪法管党治党，不仅要依据宪法来规范党员和党组织的行为，还要依据宪法来规范管党治党的党内法规。只有将依宪执政理念的要求贯彻落实到党和国家政治生活的各个领域，才能真正确立宪法至高无上的法律权威，才能有效地推进依宪治国事业不断有序地向前发展，才能保证党在宪法和法律范围内活动，才能确保执政党的各项大政方针在国家治理和社会治理的伟大实践中发挥应有的指引作用。

总之，作为全面推进依法治国的理论基础，习近平依宪治国与依宪执政思想已经深深地扎根于执政党的各项路线、方针和政策中，并且已经成为全面推进依法治国各项工作的行动纲领。依宪治国与依宪执政思想的价值要求旨在树立宪法作为根本法的法律权威，突出强调宪法的最高性、统一性、至上性和实践性；与此同时，依宪治国与依宪执政思想又是马克思主义宪法观中国化的具体要求，也是充分发挥宪法在治国理政中的核心作用的理论与实践两个方面的生动体现。只要我们坚持不懈地坚持用习近平依宪治国与依宪执政思想为指导，认真努力地实践"四个全面"战略布局，扎扎实实地抓好宪法实施和监督工作，让宪法真正地走进人们的生活，让宪法成为替党和政府排忧解难的法律武器，宪法就会为中华民族的伟大复兴保驾护航，宪法作为根本法的崇高地位必将得到政府和社会公众的普遍尊重，我们就会迎来一个崇尚法治和人权精神的宪法时代！

思考题

1. 社会主义法制建设的基本原则是什么？
2. 习近平依宪治国和依宪执政思想是如何形成的？
3. 依宪治国和依宪执政思想的基本内涵是什么？

第三章 中国特色社会主义法律体系

1997年，党的十五大报告在提出"依法治国，建设社会主义法治国家"基本方略的同时，提出"加强立法工作，提高立法质量，到2010年形成有中国特色社会主义法律体系。"2002年，党的十六大报告重申到2010年形成中国特色社会主义法律体系的立法目标。2007年，党的十七大报告继续提出形成和完善中国特色社会主义法律体系的要求。经过历届全国人大及其常委会的努力，2010年中国特色社会主义法律体系业已形成。2012年党的十八大报告进一步明确，中国特色社会主义法律体系是中国特色社会主义制度的重要组成部分。中国特色社会主义法律体系的形成，是我国社会主义民主法制建设史上的重要里程碑，是中国特色社会主义制度逐步走向成熟的重要标志，具有重大的现实意义和深远的历史意义。

第一节 中国特色社会主义法律体系的构成及分类

法律体系，即国家法律规范所形成的有机统一的整体，主要内容包括法律规范的构成及其分类。

一、法律体系的构成

我国实行的是单一制国家结构形式，人民代表大会制度是我国的根本政治制度。根据宪法和立法法的立法体制规定，我国的法律体系由宪法，全国人大及其常委会制定的法律，国务院制定的行政法规，最高人民法院和最高人民检察院制定的司法解释，设区的市以上地方人大及其常委会制定的地方性法规，国务院各部委和设区的市以上地方政府制定的规章，民族自治地方的人大及其常委会制定的自治条例和单行条例构成。在这个体系中，宪法是统帅，法律是主干，行政法规、司法解释、地方性法规和规章、自治条例和单行条例是对国家法律的细化和补充。它们由不同立法主体按照宪法和法律规定的立法权限制定，区分不同层次，具有不同效力，都是中国特色社会主义法律体系的有机组成部分，共同构成一个完整的、统一的、分层的体系。

二、法律体系的分类

法的分类，即按照相应标准把法律规范分为若干不同的种类。中国特色社会主义法律体系的分类，是把我国所有的法律规范按照其所调整的社会关系及调整方法分为若干部门，每个法律部门之间和法律部门内部都相互协调，内容上不重复、不冲突。根据法律规范调整的社会关系及调整方法的不同，我国现行法律规范共划分为七大类，即宪法和宪法相关法、民法商法、行政法、经济法、社会法、刑法、诉讼与非诉讼程序法。这七个法律部门的划分，既清楚地反映了每个法律部门所调整的特定对象和方法，又很好地使各个法律部门之间相互协调、相互补充、相得益彰，形成了科学严密的法律之网。

第二节　中国特色社会主义法律体系的基本特征

完善以宪法为核心的中国特色社会主义法律体系，是建设中国特色社会主义伟大事业的重要组成部分。建设中国特色社会主义法治体系，坚持依法治国、依法执政、依法行政共同推进，坚持法治国家、法治政府、法治社会一体建设，首先必须坚持立法先行，发挥立法的引领和推动作用，抓住提高立法质量这个关键。反映了我国改革开放和社会主义现代化建设的历史进程，为改革开放和社会主义现代化建设提供了法制保障。研究中国特色社会主义法律体系的基本特征，必须从这一基本前提出发。

一、中国特色社会主义法律体系的本质特征

中国特色社会主义法律体系的本质特征，是由其所承载的法律规范的本质特征所决定的，即以坚持人民民主专政的社会主义制度为本质特征。中国特色社会主义法律体系，以宪法和法律的形式确立了国家的根本制度和根本任务，确立了中国共产党的领导地位，确立了马克思列宁主义、毛泽东思想、邓小平理论和"三个代表"重要思想的指导地位，确立了工人阶级领导的、以工农联盟为基础的人民民主专政的国体，确立了人民代表大会制度的政体，确立了国家一切权力属于人民、公民依法享有广泛的权利和自由，确立了

中国共产党领导的多党合作和政治协商制度、民族区域自治制度以及基层群众自治制度，确立了公有制为主体、多种所有制经济共同发展的基本经济制度和以按劳分配为主体、多种分配方式并存的分配制度。中国特色社会主义法律体系的形成，从法律制度上确保了中国共产党始终成为中国特色社会主义事业的领导核心，确保国家一切权力牢牢掌握在人民手中，确保国家统一、主权和领土完整，确保社会安定和民族团结，确保坚持独立自主的和平外交政策、走和平发展道路，确保国家永远沿着中国特色社会主义的正确方向奋勇前进。

上述本质特征决定了中国特色社会主义法律体系所承载的全部法律规范必须有利于巩固和发展社会主义的各项制度，体现人民共同意志，维护人民根本利益，保障人民当家作主等要求。这也是我国以公有制为基础的中国特色社会主义法律体系与以私有制为基础的资本主义法律体系的本质区别。

二、中国特色社会主义法律体系的时代特征

中国特色社会主义法律体系是在改革开放和社会主义现代化建设的历史进程中不断形成、发展和逐步完善的，因此具有鲜明的时代特征。中国特色社会主义法律体系既是我国改革开放和社会主义现代化建设的经验成果的法律化和制度化，又是改革开放和社会主义现代化建设的法律制度保障。改革开放和社会主义现代化建设实践在客观上要求这一法律体系必须妥善处理立法与改革的关系，既要能够在矛盾的焦点上"砍一刀"，建章立制、令行禁止、一体遵循；又要具有一定的前瞻性，能够为改革开放留下"腾挪移动"的空间，从而使得这一法律体系必须具有稳定性与变动性、阶段性与前瞻性相统一的特质。在具体的立法实践中，对实践中成功的经验、一致的认同多作具体的规定，以增强法律的可操作性。对有待实践中继续作深入探索的，多作原则性规定，从而既为实践提供必要的行为规范和法制保障，又为深入实践探索留下空间，待经验成熟后再修改补充。对暂时还不适宜用法律来规范的实践中的新情况、新问题，依法通过先制定行政法规，乃至层级更低的地方性法规和规章的办法，作先行先试，待取得经验、条件成熟时再制定法律。

三、中国特色社会主义法律体系的结构特征

从我国社会主义国家的国情出发，结合各地经济、文化、社会、生态发展的实际，宪法和立法法就我国的立法体制构筑了一个统一而又分层次的立法体制。所谓统一，即下位法不得与上位法相抵触，所有法律、行政法规、司法解释、地方性法规和规章、自治条例和单行条例都不得与宪法相抵触。所谓分层次，是指在全国人大及其常委会统一行使国家立法权的情况下，国务院依法制定行政法规，最高人民法院、最高人

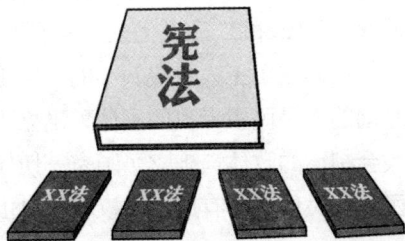

民检察院依法制定司法解释，设区的市以上地方人大及其常委会依法制定地方性法规，国务院各部委和设区的市以上人民政府依法制定行政规章，自治县以上的民族自治地方依法制定自治条例及单行条例，从而在立法体制上很好地体现"在中央的统一领导下，充分发挥地方的主动性、积极性"的宪法原则。

第三节　中国特色社会主义法律体系的基本内容

一、中国特色社会主义法律体系以宪法为统帅

宪法作为国家的根本法，为确保中国共产党始终成为中国特色社会主义事业的领导核心，确保国家一切权力牢牢掌握在人民手中，确保国家永远沿着中国特色社会主义的正确方向奋勇前进奠定了法制根基。因此，宪法在中国特色社会主义法律体系中居于统帅地位。这集中表现在以下几个方面：

（一）宪法具有最高的法律效力

中国特色社会主义法律体系的形成和发展必须以宪法为统帅，这是由宪法的性质地位和内容决定的。我国宪法序言明确规定："宪法是国家的根本法，具有最高的法律效力。"宪法的主要内容是规定社会经济制度和国家政治制度等的根本原则。宪法所规定的这些根本原则需要其他各项单行法律加以具体化，宪法在我国法律体系中的统帅作用与统帅地位是必然的和必要的。

为了保证宪法的统帅地位，宪法被赋予了特别的修改程序。从修宪的主体来看，按照宪法第六十二条的规定，只有全国人大才有权修改宪法，其他任何机关和组织都没有这项权力；而全国人大及其常委会都有权修改法律。从提案权来看，全国人大主席团、全国人大常委会、全国人大各专门委员会、国务院、中央军委、最高人民法院、最高人民检察院、全国人大的一个代表团或者三十名以上的代表，可以向全国人大提出修改法律的议案；但宪法的修改则只能由全国人大常委会或者五分之一的全国人大代表联名提议。再从议案的表决来看，宪法修正案须由全国人大以全体代表的三分之二以上的多数通过；而法律则只需全体代表的过半数通过即可。修改程序的差别体现了宪法的稳定和尊严高于一般的法律。

（二）法律制定的根本依据

中国特色社会主义法律体系以宪法为统帅，主要表现在我国政治、经济、文化、社会等各个方面的法律，都是以宪法为依据而制定的。

（三）社会主义法制统一和尊严的基础

中国特色社会主义法律体系内容极其丰富，涉及面非常广泛。作为法律体系，它是一个层次分明、结构清晰的整体。宪法第五条规定："国家维护社会主义法制的

统一和尊严。"中共十六届三中全会曾对宪法作出明确定义："中华人民共和国宪法是国家的根本法，是治国安邦的总章程，是保持国家统一、民族团结、经济发展、社会进步和长治久安的法制基础。"由此可见，法制的统一和尊严最基本的要义是统一于宪法，服从于宪法的尊严，只有在宪法的基础上，才能保障我国法律体系的统一和尊严。

（四）法律体系完善的关键

在中国特色社会主义法律体系形成和发展的过程中，宪法不仅发挥了统帅作用，而且自身也在不断地发展和完善之中。1982年宪法经过1988年到2004年四次部分内容的修正，通过了三十一条修正案，其本身的发展和完善定能使宪法在社会主义法律体系中的统帅作用更加显著。

二、中国特色社会主义法律体系的层次

与统一而又分层次的立法体制相适应，中国特色社会主义法律体系在结构上表现为统一而又多层次的特征，既有全国人大制定的宪法、全国人大及其常委会制定的法律，也有国务院制定的行政法规，还有地方人大及其常委会依照法定权限制定的地方性法规，等等。这些法律法规区分不同层次，具有不同效力，都是中国特色社会主义法律体系的有机组成部分，共同构成一个完整的统一体。

（一）法律是中国特色社会主义法律体系的主干

法律是制度的载体，它以法的形式反映和规范国家经济、政治、文化和社会的各项制度。宪法和立法法分别确立了全国人大及其常委会的专属立法权，国家主权的事项，国家机构的产生，组织和职权，民族区域自治制度，特别行政区制度，基层群众自治制度，犯罪和刑罚，对公民政治权利的剥夺、限制人身自由的强制措施和处罚，对非国有财产的征收，民事基本制度，基本经济制度以及财政、税收、海关、金融和外贸的基本制度，诉讼和仲裁制度等只能由法律规定。因此，法律是中国特色社会主义法律体系的主干，发挥着重要的制度建设作用。

（二）行政法规是中国特色社会主义法律体系的重要组成部分

制定并实施行政法规是国务院履行宪法法律规定职责的重要方式，对于形成和完善中国特色社会主义法律体系，确保宪法法律全面正确实施，规范行政权力运行，维护经济社会稳定，保障和促进改革开放和社会主义现代化建设的健康有序发展，都具有重要意义。

（三）地方性法规是中国特色社会主义法律体系的重要组成部分

改革开放几十年来，地方人大及其常委会立足地方具体情况，从本地改革开放和经济社会发展的实际需要出发，认真履行宪法和法律赋予的地方立法职权，因地制宜地开展立法工作，制定了大量地方性法规，取得了巨大成就。设区的市以上地方人大及其常委会制定的地方性法规、国务院各部委和设区的市以上人民政府制定

的行政规章、自治县以上民族自治地方制定的自治条例和单行条例，与宪法、法律、行政法规共同构成了中国特色社会主义法律体系的统一整体。

三、中国特色社会主义法律体系的法律部门

中国特色社会主义法律体系的形成为我国法律部门的划分奠定了立法基础。我国法律体系大体划分为七个法律部门，即宪法及宪法相关法、民法商法、行政法、经济法、社会法、刑法、诉讼与非诉讼程序法。

（一）宪法及宪法相关法

在这一法律部门中，宪法是国家的根本大法，规定国家的根本制度和根本任务、公民的基本权利和义务等内容。

宪法相关法是与宪法相配套、直接保障宪法实施的宪法性法律规范的总和。主要包括有关国家机构的产生、组织、职权和基本工作制度的法律，有关民族区域自治制度、特别行政区制度、基层群众自治制度的法律，有关维护国家主权、领土完整和国家安全的法律，以及有关保障公民基本政治权利的法律。

（二）民法商法

民法商法部门包含了民事活动的一般规范和市场经济的基本准则。1986年颁布的民法通则对民事商事活动的一些共同性问题作了规定，明确了民法的调整对象、基本原则、主体制度、行为制度、权利制度和责任制度，开启了中国民法商法的发展完善之路。经过多年努力，民法商法在财产权、侵权责任、婚姻家庭、知识产权、商事主体、商事行为等各个方面都建立了较为完备的法律制度。

（三）行政法

行政法是关于行政权的授予、行政权的行使以及对行政权的监督的法律规范总和，也是调整国家行政管理活动的法律规范的总和，包括有关行政管理主体、行政行为、行政程序以及行政监督等方面的法律规范。随着行政复议法、行政许可法、行政处罚法和部门行政法以及配套行政法规、地方性法规的先后出台，各级行政机关及其工作人员依法行政有了更全面、更坚实的法律基础。

（四）经济法

经济法是调整因国家从社会整体利益出发对经济活动实行干预、管理或调控所产生的社会经济关系的法律规范的总和。市场经济发展的基本规律表明，只有充分发挥市场配置资源的基础性作用，才能提高效率，充分竞争，经济才富有活力。与此同时，市场本身也存在着相应的自发性、滞后性、盲目性，而并非万能的。改善宏观经济环境，合理利用公共资源，建立公平、公正的竞争秩序，维护有效竞争，保持合理的经济结构，促进经济协调发展，单靠市场是难以解决的，还需要国家通过必要的法律手段进行适度调节。改革开放以来，中国根据市场经济发展的需要，不断总结经验，制定和完善经济方面的法律制度。

（五）社会法

社会法是在国家干预社会生活过程中逐渐发展起来的一个法律门类，是调整劳动关系、社会保障、社会福利和特殊群体权益保障等方面关系的法律规范的总和。制定社会法的目的在于，从社会整体利益出发，对劳动者、失业者、丧失劳动能力的人和其他需要扶助的人的权益实行必需的、切实的保障。它包括劳动用工、工资福利、职业安全卫生、社会保险、社会救济、特殊保障等方面的法律。

（六）刑法

刑法是规定犯罪、刑事责任与刑罚的法律。我国的刑法是国家的基本法律之一，既是中国特色社会主义法律体系中重要的法律部门，也是该体系中具有支架作用的法律。

（七）诉讼与非诉讼程序法

诉讼与非诉讼程序法是规范解决社会纠纷的诉讼活动与非诉讼活动的法律规范的总和。我国诉讼程序法包括刑事诉讼法、民事诉讼法和行政诉讼法。非诉讼程序法包括仲裁法、人民调解法等。

四、中国特色社会主义法律体系的发展完善

中国特色社会主义法律体系的形成主要有四个标志：一是涵盖社会关系的各个方面的法律部门已经齐全；二是各个法律部门中基本的、主要的法律已经制定；三是与法律相配套的行政法规、地方性法规比较完备；四是通过法律法规的清理、修改、废止，使法律部门之间、法律法规之间实现了逻辑严谨、结构合理、和谐统一。

中国特色社会主义法律体系的形成，标志着我国立法工作进入了一个新的起点。但是，由于社会实践永无止境，立法工作还需要不断推进，法律体系还需要不断完善。全国人大常委会除了抓紧立法工作外，还应特别注重法律法规的清理工作。

第四节　中国特色社会主义法律体系形成的重大意义

中国特色社会主义法律体系的形成，是我国社会主义民主法制建设史上的重要里程碑，是中国特色社会主义制度逐步走向成熟的重要标志，具有重大的现实意义和深远的历史意义。

一、中国特色社会主义法律体系是中国特色社会主义的法制根基

中国特色社会主义法律体系，以宪法和法律的形式确立了国家的根本制度和根本任务，确立了中国共产党的领导地位，确立了马克思列宁主义、毛泽东思想、邓小平理论和"三个代表"重要思想的指导地位，确立了工人阶级领导的、以工农联盟为基础的人民民主专政的国体，确立了人民代表大会制度的政体，确立了国家一

切权力属于人民、公民依法享有广泛的权利和自由，确立了中国共产党领导的多党合作和政治协商制度、民族区域自治制度以及基层群众自治制度，确立了公有制为主体、多种所有制经济共同发展的基本经济制度和以按劳分配为主体、多种分配方式并存的分配制度。

中国特色社会主义法律体系的形成，夯实了立国兴邦、长治久安的法制根基，从制度上、法律上确保中国共产党成为中国特色社会主义事业的领导核心，确保国家一切权力牢牢掌握在人民手中，确保民族独立、国家主权和领土完整，确保国家统一、社会安定和各民族大团结，确保坚持独立自主的和平外交政策、走和平发展道路，确保国家永远沿着中国特色社会主义的正确方向奋勇前进。

二、中国特色社会主义法律体系是中国特色创新实践的法制体现

中国特色社会主义法律体系涵盖了法律调整社会关系的各个方面，一方面反映了中国特色社会主义创新实践在各个方面的发展要求，另一方面也把国家各项工作纳入了法治化轨道，从制度上、法律上解决了国家发展中带有根本性、全局性、稳定性和长期性的问题，为全面落实依法治国基本方略、加快建设社会主义法治国家提供了法制保障。

三、中国特色社会主义法律体系是中国特色社会主义兴旺发达的法制保障

中国特色社会主义法律体系为社会主义市场经济体制的不断完善、社会主义民主政治的深入发展、社会主义先进文化的日益繁荣、社会主义和谐社会的积极构建，提供了明确的价值取向、发展方向和根本路径，为建设富强民主文明和谐的社会主义现代化国家、实现中华民族伟大复兴奠定了坚实的法制基础。

思考题

1. 法律体系是如何进行分类的？
2. 中国特色社会主义法律体系的本质特征是什么？
3. 中国特色社会主义法律体系的法律部门有哪些？

第四章　宪法和宪法相关法

本 章 要 点

★宪法是国家的根本大法。

★我国的国体是人民民主专政的社会主义国家。

★我国的政体是人民代表大会制度。

★我国的基本经济制度是公有制为主体，多种所有制经济共同发展。

★我国的分配制度是按劳分配为主体，多种分配方式并存。

★我国的国家机构包括权力机关、行政机关、军事机关、审判机关和检察机关。

★我国公民享有广泛的宪法权利。

第一节　宪法概述

一、宪法的概念

（一）宪法是国家的根本大法

宪法是规定国家根本制度和根本任务，规定国家机关的组织与活动的基本原则，确认和保障公民基本权利，集中表现各种政治力量对比关系的国家根本法。

宪法的根本性表现在以下四个方面：

第一，在内容上，宪法规定国家的根本制度、政权组织形式、国家结构形式、公民基本权利和基本义务、宪法实施的保障等内容，反映一个国家政治、经济、文化和社会生活的基本方面。

第二，在效力上，宪法在整个法律体系中处于最高的地位，具有最高效力。它是其他法律的立法依据，其他的一般法律都不得抵触宪法。

第三，在规范性上，宪法是各政党、一切国家机关、武装力量、社会团体和全体公民的最根本的行为准则。

第四，在修改程序上，宪法的制定和修改程序比其他一般法律的程序更为严格。

（二）我国宪法的地位

中华人民共和国成立后，国家先后颁行了四部宪法。我国的现行宪法是在1982年通过的，至今已经进行了四次修改。

宪法以法律的形式确认了我国各族人民奋斗的成果，规定了国家的根本制度、根本任务和国家生活中最重要的原则，具有最大的权威性和最高的法律效力。全国各族人民、一切国家机关和武装力量、各政党和各社会团体、各企业事业组织，都必须以宪法为根本的活动准则，并负有维护宪法尊严、保证宪法实施的职责。

作为根本法的宪法，是中国特色社会主义法律体系的重要组成部分，也是法律体系的最核心和最重要的内容。

二、宪法的指导思想

第一阶段：四项基本原则

1982年现行宪法制定，确立宪法的指导思想是四项基本原则，即坚持社会主义道路，坚持人民民主专政，坚持中国共产党的领导，坚持马克思列宁主义、毛泽东思想。

第二阶段：建设有中国特色社会主义的理论和党的基本路线

1993年第二次修宪，以党的十四大精神为指导，突出了建设有中国特色社会主义的理论和党的基本路线。

第三阶段：增加邓小平理论

1999年第三次修宪，将邓小平理论写入宪法，确立邓小平理论在国家中的指导思想地位。

第四阶段：增加"三个代表"重要思想

2004年第四次修宪，将"三个代表"重要思想载入宪法，确立为其在国家中的指导思想地位。

三、宪法基本原则

（一）人民主权原则

宪法第二条规定："中华人民共和国的一切权力属于人民。""一切权力属于人民"是无产阶级在创建无产阶级政权过程中，批判性地继承资产阶级民主思想的基础上，对人民主权原则的创造性运用和发展。

（二）基本人权原则

我国宪法第二章"公民的基本权利和义务"专章规定和列举了公民的基本权利，

体现了对公民的宪法保护。2004年的宪法修正案把"国家尊重和保障人权"写入宪法，将中国的宪政发展向前推进了一大步。

（三）法治原则

宪法第五条第一款规定："中华人民共和国实行依法治国，建设社会主义法治国家"，在宪法上正式确立了法治原则。宪法还规定，一切国家机关和武装力量、各政党和各社会团体、各企业事业组织都必须遵守宪法和法律；一切违反宪法和法律的行为，必须予以追究；任何组织和个人都不得有超越宪法和法律的特权。

🔍 以案释法 ⑥

党组织和党员必须在宪法和法律规定的范围内活动

【案情介绍】1998年3月，陕西省某乡党委书记为增加当地财政收入，促成新建项目地板条精加工厂及时开工，在未经林业主管部门批准，又无林木采伐许可证的情况下，主持召开乡党委会议，决定无证采伐该乡林场的林木，致使大量国有林木遭到砍伐，砍伐林木原木材积为240.678立方米，折合立木材积为481.356立方米。2002年3月5日，县人民检察院以盗伐林木罪，对该乡党委及党委书记提起公诉，人民法院依法受理了此案。

【以案释法】本案争议的焦点是乡党委能否成为单位犯罪的主体。刑法第三十条规定："公司、企业、事业单位、机关、团体实施的危害社会的行为，法律规定为单位犯罪的，应当负刑事责任。"我国的宪法和法律并未将中国共产党的各级组织列为国家机关，然而根据宪法的原则和精神，任何政党和组织，都必须在宪法和法律规定的范围内活动，因此党委违反法律规定也要承担相应的责任。

（四）民主集中制原则

宪法第三条第一款规定："中华人民共和国的国家机构实行民主集中制的原则。"这既是我国国家机构的组织和活动原则，也是我国宪法的基本原则。

四、宪法确定的国家根本任务

宪法确定的国家的根本任务是：沿着中国特色社会主义道路，集中力量进行社会主义现代化建设。中国各族人民将继续在中国共产党领导下，在马克思列宁主义、毛泽东思想、邓小平理论和"三个代表"重要思想指引下，坚持人民民主专政，坚持社会主义道路，坚持改革开放，不断完善社会主义的各项制度，发展社会主义市场经济，发展社会主义民主，健全社会主义法制，自力更生，艰苦奋斗，逐步实现工业、农业、国防和科学技术的现代化，推动物质文明、政治文明和精神文明协调发展，把我国建设成为富强、民主、文明的社会主义国家。

第二节　我国的基本政治经济制度

一、我国的基本政治制度

（一）人民民主专政

宪法所称的国家性质又称国体，是指国家的阶级本质，反映社会各阶级在国家中的地位，体现该国社会制度的根本属性。

我国宪法第一条第一款规定："中华人民共和国是工人阶级领导的、以工农联盟为基础的人民民主专政的社会主义国家。"即人民民主专政是我国的国体。这一国体需要从以下方面理解：

1. 工人阶级的领导是人民民主专政的根本标志

工人阶级的领导地位是由工人阶级的特点、优点和担负的伟大历史使命所决定的。工人阶级对国家的领导是通过自己的先锋队——中国共产党来实现的。

2. 人民民主专政包括对人民实行民主和对敌人实行专政两个方面

在人民内部实行民主是实现对敌人专政的前提和基础，而对敌人实行专政又是人民民主的有力保障。两者是辩证统一的关系。人民民主专政实质上就是无产阶级专政。

3. 共产党领导下的多党合作与爱国统一战线是中国人民民主专政的主要特色

爱国统一战线是指由中国共产党领导的，由各民主党派参加的，包括社会主义劳动者、社会主义事业的建设者、拥护社会主义的爱国者和拥护祖国统一的爱国者组成的广泛的政治联盟。目前我国爱国统一战线的任务是为社会主义现代化建设服务，为实现祖国统一大业服务，为维护世界和平服务。

（二）人民代表大会制度

人民代表大会制度是中国人民民主专政的政权组织形式（政体），是中国的根本政治制度。

1. 人民代表大会制度的主要内容

（1）国家的一切权力属于人民。人民行使国家权力的机关是全国人大和地方各级人大。各级人大都由民主选举产生，对人民负责，受人民监督。

（2）人大及其常委会集体行使国家权力，集体决定问题，严格按照民主集中制的原则办事。

（3）国家行政机关、审判机关、检察机关都由人大产生，对它负责，向它报告工作，受它监督。

（4）全国人大是最高国家权力机关；地方各级人大是地方国家权力机关。全国人大和地方各级人大各自按照法律规定的职权，分别审议决定全国的和地方的大政方针。全国人大对地方人大不是领导关系，而是法律监督关系、选举指导关系和工作联系关系。

2. 人民代表大会制度的优越性

人民代表大会制度是适合我国国情的根本政治制度，它直接体现我国人民民主专政的国家性质，是建立我国其他国家管理制度的基础。

（1）它有利于保证国家权力体现人民的意志。

（2）它有利于保证中央和地方的国家权力的统一。

（3）它有利于保证我国各民族的平等和团结。

总之，我国人民代表大会制度，能够确保国家权力掌握在人民手中，符合人民当家做主的宗旨，适合我国的国情。

（三）中国共产党领导的多党合作和政治协商制度

中国共产党领导的多党合作和政治协商制度是中华人民共和国的一项基本政治制度，是具有中国特色的政党制度。这种政党制度是由中国人民民主专政的国家性质所决定的。

1. 多党合作制度的基本内容

（1）中国共产党是执政党，各民主党派是参政党，中国共产党和各民主党派是亲密战友。中国共产党是执政党，其执政的实质是代表工人阶级及广大人民掌握人民民主专政的国家政权。各民主党派是参政党，具有法律规定的参政权。其参政的基本点是：参加国家政权，参与国家大政方针和国家领导人人选的协商，参与国家事务的管理，参与国家方针、政策、法律、法规的制定和执行。

（2）中国共产党和各民主党派合作的首要前提和根本保证是坚持中国共产党的领导和坚持四项基本原则。

（3）中国共产党与各民主党派合作的基本方针是："长期共存，互相监督，肝胆相照，荣辱与共"。

（4）中国共产党和各民主党派以宪法和法律为根本活动准则。

2. 多党合作的重要机构

中国人民政治协商会议，简称"人民政协"或"政协"，是中国共产党领导的多党合作和政治协商的重要机构，也是中国人民爱国统一战线组织。

中国人民政治协商会议是在中国共产党领导下，由中国共产党、各个民主党派、无党派民主人士、人民团体、各少数民族和各界的代表，台湾同胞、港澳同胞和归国侨胞的代表，以及特别邀请的人士组成，具有广泛的社会基础。

人民政协的性质决定了它与国家机关的职能是不同的。人民政协围绕团结和民主两大主题履行政治协商、民主监督和参政议政的职能。

（四）民族区域自治制度

民族区域自治制度，是指在国家统一领导下，各少数民族聚居的地方实行区域自治，设立自治机关，行使自治权的制度。

1. 自治机关

民族自治地方按行政地位，分为自治区、自治州、自治县。自治区相当于省级行政单位，自治州是介于自治区与自治县之间的民族自治地方，自治县相当于县级行政单位。

民族自治地方的自治机关是自治区、自治州、自治县的人大和人民政府。民族自治地方的自治机关都实行人民代表大会制度。

2. 自治权

民族自治地方的自治权有以下几个方面：

（1）民族立法权。民族自治地方的人大有权依照当地的政治、经济和文化的特点，制定自治条例和单行条例。

（2）变通执行权。上级国家机关的决议、决定、命令和指标，如果不适合民族自治地方实际情况，自治机关可以报经上级国家机关批准，变通执行或者停止执行。

（3）财政经济自主权。凡是依照国家规定属于民族自治地方的财政收入，都应当由民族自治地方的自治机关自主安排使用。

（4）文化、语言文字自主权。民族自治地方的自治机关在执行公务的时候，依照本民族自治地方自治条例的规定，使用当地通用的一种或者几种语言文字。

（5）组织公安部队权。民族自治地方的自治机关依照国家的军事制度和当地的实际需要，经国务院批准，可以组织本地方维护社会治安的公安部队。

（6）少数民族干部具有任用优先权。

（五）基层群众自治制度

基层群众自治制度是指人民依法组成基层自治组织，行使民主权利，管理基层公共事务和公益事业，实行自我管理、自我服务、自我教育、自我监督的一项制度。

中国的基层群众自治制度，是在新中国成立后的民主实践中逐步形成的。党的十七大将"基层群众自治制度"首次写入党代会报告，正式与人民代表大会制度、

中国共产党领导的多党合作和政治协商制度、民族区域自治制度一起，纳入了中国特色政治制度范畴。

我国的基层群众自治组织主要是居民委员会和村民委员会。

二、我国的基本经济制度

（一）所有制度

1.我国的所有制结构概述

我国的所有制结构是公有制为主体、多种所有制经济共同发展。这是我国社会主义初级阶段的一项基本经济制度，它的确立是由我国的社会主义性质和初级阶段的国情决定的。

（1）我国是社会主义国家，必须坚持把公有制作为社会主义经济制度的基础。

（2）我国处在社会主义初级阶段，需要在公有制为主体的条件下发展多种所有制经济。

（3）一切符合"三个有利于"的所有制形式都可以而且应该用来为社会主义服务。

（4）我国社会主义建设正反两方面的经验都表明必须坚持以公有制为主体、多种所有制经济共同发展。

2.公有制

（1）公有制的内容。公有制是生产资料归劳动者共同所有的所有经济结构形式，包括全民所有制和集体所有制。

全民所有制经济即国有经济，是国民经济的主导力量。国家保障国有经济的巩固和发展。集体所有制经济是国民经济的基础力量。国家保护城乡集体经济组织的合法权利和利益，鼓励、指导和帮助集体经济的发展。

（2）公有制的地位。公有制是我国所有制结构的主体，它的主体地位体现在：第一，就全国而言，公有资产在社会总资产中占优势；第二，国有经济控制国民经济的命脉，对经济发展起主导作用。国有经济的主导作用主要体现在控制力上，即体现在控制国民经济发展方向，控制经济运行的整体态势，控制重要稀缺资源的能力上。在关系国民经济的重要行业和关键领域，国有经济必须占支配地位。

（3）公有制的作用。生产资料公有制是社会主义的根本经济特征，是社会主义经济制度的基础，是国家引导、推动经济和社会发展的基本力量，是实现最广大人民群众根本利益和共同富裕的重要保证。坚持公有制为主体，国有经济控制国民经济命脉，对发挥社会主义制度的优越性，增强我国的经济实力、国防实力和民族凝聚力，提高我国国际地位，具有关键性作用。

3.非公有制

非公有制经济是我国现阶段除了公有制经济形式以外的所有经济结构形式，主要包括个体经济、私营经济、外资经济等。

个体经济，是由劳动者个人或家庭占有生产资料，从事个体劳动和经营的所有制形式。它是以劳动者自己劳动为基础，劳动成果直接归劳动者所有和支配。

私营经济，是以生产资料私有和雇佣劳动为基础，以取得利润为目的的所有制形式。

外资经济，是我国发展对外经济关系，吸引外资建立起来的所有制形式。它包括中外合资经营企业、中外合作经营企业中的境外资本部分，以及外商独资企业。

非公有制经济是我国社会主义市场经济的重要组成部分，国家保护个体经济、私营经济等非公有制经济的合法的权利和利益，鼓励、支持和引导非公有制经济的发展，并对非公有制经济依法实行监督和管理。

（二）分配制度

我国现行的分配制度是以按劳分配为主体、多种分配方式并存的分配制度。这种分配制度是由我国社会主义初级阶段的生产资料所有制结构、生产力的发展水平，以及人们劳动差别的存在决定的，同时也是发展社会主义市场经济的客观要求。

按劳分配

按劳分配的主体地位表现在：其一，全社会范围的收入分配中，按劳分配占最大比重，起主要作用；其二，公有制经济范围内劳动者总收入中，按劳分配收入是最主要的收入来源。

除了按劳分配以外，其他分配方式主要还包括按经营成果分配；按劳动、资本、技术、土地等其他生产要素分配。

第三节　公民的基本权利和义务

一、公民的基本权利

公民的基本权利是由一国的宪法规定的公民享有的，主要的、必不可少的权利，故有些国家又把公民的基本权利称为宪法权。

（一）平等权

宪法第三十三条第二款规定："中华人民共和国公民在法律面前一律平等。"这既是我国社会主义法治的一项重要原则，也是我国公民的一项基本权利。其含义有以下几点：第一，我国公民不分民族、种族、性别、职业、家庭出身、宗教信仰、教育程度、财产状况、居住期限，一律平等地享有宪法和法律规定的权利并平等地承担相应的义务；第二，国家机关对公民平等权利的保护，对公民履行义务平等的约束；第三，所有公民在适用法律上一律平等，不允许任何组织和个人有超越宪法和法律之上的特权；第四，法律面前一律平等还包括民族平等和男女平等。

（二）政治权利和自由

1.选举权与被选举权

宪法第三十四条规定："中华人民共和国年满十八周岁的公民，不分民族、种族、性别、职业、家庭出身、宗教信仰、教育程度、财产状况、居住期限，都有选举权和被选举权；但是依照法律被剥夺政治权利的人除外。"选举权与被选举权包含以下内容：（1）公民有权按照自己的意愿选举人民代表；（2）公民有被选举为人民代表的权利；（3）公民有依照法定程序罢免那些不称职的人民代表的权利。

选举权和被选举权是公民参加国家管理的一项最基本的政治权利，也是最能体现人民群众当家作主的一项权利。

2.言论、出版、集会、结社、游行、示威的自由

宪法第三十五条规定："中华人民共和国公民有言论、出版、集会、结社、游行、示威的自由。"

（1）言论自由就是宪法规定公民通过口头或书面形式表达自己的意见的自由。

（2）出版自由是公民以出版物形式表达其思想和见解的自由。

（3）集会自由是指公民享有宪法赋予的聚集在一定场所商讨问题或表达意愿的自由。

（4）结社自由是公民为一定宗旨，依照法定程序组织或参加具有连续性的社会团体的自由。

（5）游行自由是指公民采取列队行进的方式来表达意愿的自由。

（6）示威自由是指通过集会或游行、静坐等方式表达强烈意愿的自由。

我国宪法保障公民享有集会、游行、示威的自由，公民也应当遵守有关的法律规定。

（三）宗教信仰自由

宪法第三十六条第一款规定："中华人民共和国公民有宗教信仰自由。"尊重和保护宗教信仰自由，是我们党和国家长期的基本政策。

（四）人身自由

宪法第三十七条规定："中华人民共和国公民的人身自由不受侵犯。任何公民，非经人民检察院批准或者决定或者人民法院决定，并由公安机关执行，不受逮捕。禁止非法拘禁和以其他方法非法剥夺或者限制公民的人身自由，禁止非法搜查公民的身体。"

人身自由有广义、狭义之分。狭义的人身自由是指公民的身体自由不受侵犯。

广义的人身自由还包括公民的人格尊严不受侵犯、公民的住宅不受侵犯、公民的通信自由和通信秘密受法律保护。

人身自由不受侵犯，是公民最起码、最基本的权利，是公民参加各种社会活动和享受其他权利的先决条件。

（五）监督权

监督权是指宪法赋予公民监督国家机关及其工作人员的活动的权利，包括：

1. 批评权

公民有对国家机关和国家工作人员工作中的缺点和错误提出批评意见的权利。

2. 建议权

公民有对国家机关和国家工作人员的工作提出合理化建议的权利。

3. 控告权

公民对任何国家机关和国家工作人员的违法失职行为有向有关机关进行揭发和指控的权利。

4. 检举权

公民对于违法失职的国家机关和国家工作人员，有向有关机关揭发事实，请求依法处理的权利。

5. 申诉权

公民的合法权益因行政机关或司法机关作出的错误的、违法的决定或裁判，或者因国家工作人员的违法失职行为而受到侵害时，有向有关机关申诉理由，要求重新处理的权利。

（六）社会经济权利

1. 劳动权

劳动权是指有劳动能力的公民有获得工作并取得相应报酬的权利。

2. 休息权

休息权是为保护劳动者的身体健康和提高劳动效率而休息的权利。

3. 退休人员生活保障权

退休人员生活保障权是指退休人员的生活受到国家和社会的保障。

4. 获得物质帮助权

获得物质帮助权是指公民在年老、疾病或者丧失劳动能力的情况下，有从国家和社会获得物质帮助的权利。

（七）文化教育权利

1. 公民有受教育的权利

公民享有从国家接受文化教育的机会和获得受教育的物质帮助的权利。

2. 公民有进行科研、文艺创作和其他文化活动的自由

我国宪法规定，公民有进行科学研究、文学艺术创作和其他文化活动的自由。国家对于从事教育、科学、技术、文学、艺术和其他文化事业的公民的有益于人民的创造性工作，给以鼓励和帮助。

🔍 以案释法 ⑰

公民的教育权受宪法保护

【案情介绍】2010年，齐某某通过考试获得了山东省某大学的入学资格。录取通知书由该校发出后，由她就读的某市八中转交。同学陈某某得知后，从市八中领走录取通知书，并在其父的运作下，以齐某某的名义到大学就读直至毕业。毕业后，陈某某仍然使用齐某某的姓名，到中国银行某支行工作。齐某某发现陈某某冒用其姓名后，以姓名权、受教育权及相关权益被侵害为由，向人民法院提起民事诉讼，以陈某某、陈父、大学、市八中和市教育委员会为被告。请求法院判令被告停止侵害、赔礼道歉，并赔偿原告经济损失16万元，精神损失40万元。此案经过二审，最终由山东省高级人民法院作出判决：(1) 被上诉人陈某某、陈父赔偿齐某某因受教育的权利被侵犯造成的直接经济损失7000元，大学、市八中、市教委承担连带赔偿责任；(2) 被上诉人陈某某、陈父赔偿齐某某因受教育的权利被侵犯造成的间接经济损失（按陈某某以齐某某名义领取的工资扣除最低生活保障费后计算）41045元，大学、市八中、市教委承担连带赔偿责任；(3) 被上诉人陈某某、陈父、大学、市八中、市教委赔偿齐某某精神损害费50000元。

【以案释法】宪法第四十六条第一款规定："中华人民共和国公民有受教育的权利和义务。"陈某某等以侵犯姓名权的手段，侵犯了齐某某依据宪法规定所享有的受教育的基本权利，并造成了具体的损害后果，应承担相应的民事责任。因此，法院判令陈某某等赔偿齐某某的复读费、为将农业户口转为非农业户口缴纳的城市增容费、为诉讼支出的律师费等直接经济损失，并判令其侵权所得的工资收入归齐某某所有。

（八）对社会特定人群的权利保护

1. 国家保护妇女的权利和利益

宪法第四十八条规定："中华人民共和国妇女在政治的、经济的、文化的、社会的和家庭的生活等各方面享有同男子平等的权利。国家保护妇女的权利和利益，实行男女同工同酬，培养和选拔妇女干部。"

2. 婚姻、家庭、老人和儿童受国家的保护

宪法第四十九条规定，"婚姻、家庭、母亲和儿童受国家的保护"，"禁止破坏婚姻自由，禁止虐待老人、妇女和儿童"。

3.国家保护华侨、归侨和侨眷的权利和利益

宪法第五十条规定："中华人民共和国保护华侨的正当的权利和利益，保护归侨和侨眷的合法的权利和利益。"

二、公民的基本义务

（一）维护国家统一和各民族团结的义务

宪法第五十二条规定："中华人民共和国公民有维护国家统一和各民族团结的义务。"

（二）遵纪守法和尊重社会公德的义务

宪法第五十三条规定："中华人民共和国公民必须遵守宪法和法律，保守国家秘密，爱护公共财产，遵守劳动纪律，遵守公共秩序，尊重社会公德。"

（三）维护祖国的安全、荣誉和利益的义务

宪法第五十四条规定："中华人民共和国公民有维护祖国的安全、荣誉和利益的义务，不得有危害祖国的安全、荣誉和利益的行为。"

（四）保卫祖国，依法服兵役和参加民兵组织

宪法第五十五条规定："保卫祖国，抵抗侵略是中华人民共和国每一个公民的神圣职责。依照法律服兵役和参加民兵组织是中华人民共和国公民的光荣义务。"

（五）依法纳税的义务

宪法第五十六条规定："中华人民共和国公民有依照法律纳税的义务。"

（六）其他义务

宪法规定的公民基本义务还包括：劳动的义务；受教育的义务；夫妻双方有实行计划生育的义务；父母有抚养教育未成年子女的义务以及成年子女有赡养扶助父母的义务等。

第四节　国家机构的设置及功能

一、国家机构的概述

国家机构是国家为了实现其职能而建立起来的国家机关的总和。

我国国家机构由权力机关、行政机关、军事机关、审判机关、检察机关组成。

我国国家机构的组织和活动有五大原则：一是民主集中制原则；二是联系群众，为人民服务原则；三是社会主义法治原则；四是责任制原则；五是精简和效率原则。

二、权力机关

（一）全国人大

全国人大是全国最高的权力机关、立法机关，不只是在权力机关中的地位最高，而且在所有的国家机关中地位最高。

全国人大由省、自治区、直辖市、特别行政区和军队选出的代表组成。各少数民族都应当有适当名额的代表。全国人大每届任期五年。

全国人大的主要职权：

1. 立法权

修改宪法，制定和修改刑事、民事、国家机构的和其他的基本法律。

2. 任免权

选举、决定和任免最高国家机关领导人和有关组成人员。

3. 决定权

决定国家重大事务。

4. 监督权

监督宪法和法律的实施，监督最高国家机关的工作。

（二）全国人大常委会

全国人大常委会是全国人大的常设机关，是最高国家权力机关的组成部分，在全国人大闭会期间，行使最高国家权力。

全国人大常委会对全国人大负责并报告工作。全国人大选举并有权罢免全国人大常委会的组成人员。

全国人大常委会每届任期同全国人大每届任期相同，它行使职权到下届全国人大选出新的常委会为止。

（三）国家主席

国家主席是我国国家机构体系中的一个国家机关，和全国人大常委会结合起来行使国家职权的，对外代表中华人民共和国。

国家主席、副主席，由全国人大选举产生，任期是五年，连续任期不得超过两届。

国家主席根据全国人民代表大会的决定和全国人民代表大会常务委员会的决定，公布法律，任免国务院总理、副总理、国务委员、各部部长、各委员会主任、审计长、秘书长，授予国家的勋章和荣誉称号，发布特赦令，宣布进入紧急状态，宣布战争状态，发布动员令。

国家主席代表中华人民共和国，进行国事活动，接受外国使节；根据全国人民代表大会常务委员会的决定，派遣和召回驻外全权代表，批准和废除同外国缔结的条约和重要协定。

（四）地方各级人大及其常委会

地方各级人大是地方权力机关。省、直辖市、自治区、市、市辖区、县、乡、民族乡、镇设立人大。县级以上的地方各级人大设立常委会，作为本级人大的常设机关。地方各

级人大每届任期五年。

三、行政机关

（一）国务院

国务院即中央人民政府，是国家最高行政机关，是国家最高权力机关的执行机关，统一领导全国各级行政机关的工作。

国务院由总理、副总理、国务委员、秘书长、审计长、各部部长、各委员会主任组成，国务院组成人员的任期为五年，总理、副总理、国务委员的连续任期不得超过两届。

国务院向全国人大及其常委会负责并报告工作，总理领导国务院的工作，副总理、国务委员协助总理工作。

国务院行使以下职权：第一，国务院有权根据宪法和法律，规定行政措施，制定行政法规，发布行政决定和命令；第二，对国防、民政、科教、经济等各项工作的领导和管理权；第三，对所属部、委和地方各级行政机关的领导权及行政监督权；第四，提出议案权；第五，行政人员的奖惩权；第六，全国人大及其常委会授予的其他职权。

（二）地方各级人民政府

地方各级人民政府是地方国家行政机关，也是地方各级人大的执行机关。地方各级人民政府对本级人大和上一级国家行政机关负责并报告工作。县级以上的地方各级人民政府在本级人大闭会期间，对本级人大常委会负责并报告工作。地方各级人民政府都受国务院统一领导，负责组织和管理本行政区域的各项行政事务。

四、军事机关

中央军委是中国共产党领导下的最高军事领导机关，统帅全国武装力量（解放军、武装警察部队、民兵、预备役）。

中央军委由主席、副主席、委员组成，实行主席负责制。主席由全国人大选举产生，副主席和军委委员根据主席的提名由大会决定，大会闭会期间，由人大常委会决定。中央军委的每届任期五年，主席和副主席可以终身任职。

中央军委实行主席负责制，军委主席直接对全国人大和全国人大常委会负责。

五、审判机关

人民法院是国家的审判机关，依法独立行使审判权，不受行政机关、团体和个人的非法干预。人民法院体系由最高人民法院、地方人民法院（高级法院、中级法院、基层法院）、专门人民法院（军事法院、海事法院、铁路运输法院）构成。

最高人民法院是国家最高的审判机关，地方人民法

院是地方的审判机关，专门人民法院是专门审判机关。最高人民法院监督地方各级人民法院和专门人民法院的审判工作，上级人民法院监督下级人民法院的审判工作。

最高人民法院对全国人大和全国人大常委会负责。地方各级人民法院对产生它的国家权力机关负责。

最高人民法院由院长、副院长、庭长、副庭长、审判员等若干人组成。最高人民法院的院长由全国人大选举产生，任期五年，连任不得超过两届。

六、检察机关

人民检察院是国家的法律监督机关，依法独立行使检察权，不受行政机关、社会团体和个人的干涉。

人民检察院体系由最高检察院、地方检察院和专门检察院构成。

最高人民检察院是最高检察机关，领导地方各级人民检察院和专门人民检察院的工作，上级人民检察院领导下级人民检察院的工作。

最高人民检察院对全国人大和全国人大常委会负责。地方各级人民检察院对产生它的国家权力机关和上级人民检察院负责。

最高人民检察院由全国人大选举产生的检察长、副检察长、检察员组成，最高检察长任期五年，连任不得超过两届。

第五节　国家宪法日和宪法宣誓制度

一、国家宪法日

（一）国家宪法日的设立

党的十八届四中全会通过的《中共中央关于全面推进依法治国若干重大问题的决定》提出，将每年12月4日定为国家宪法日。

2014年11月1日，十二届全国人大常委会十一次会议通过的《全国人民代表大会常务委员会关于设立国家宪法日的决定》，正式将12月4日设立为国家宪法日。决定在宪法日，国家通过多种形式开展宪法宣传教育活动。

（二）国家宪法日的设立目的及意义

宪法是国家的根本法，是治国安邦的总章程，具有最高的法律地位、法律权威和法律效力。全面贯彻实施宪法，是全面推进依法治国、建设社会主义法治国家的首要任务和基础性工作。全国各族人民、一切国家机关和武装力量、各政党和各社会团体、各企业事业组织，都必须以宪法为根本的活动准则，并且负有维护宪法尊严、保证宪法实施的职责。任何组织或者个人都不得有超越宪法和法律的特权，一切违反宪法和法律的行为都必须予以追究。国家宪法日设立的目的，是为了增强全社会的宪法意识，弘扬宪法精神，加强宪法实施，全面推进依法治国。设立国家宪法日，有助于树立宪法权威，维护宪法尊严；有助于普及宪法知识，增强全社会宪法意识，弘扬宪法精神；有助于扩大宪法实施的群众基础，加强宪法实施的良好氛围，发扬中华民族的宪法文化。

二、宪法宣誓制度

（一）宪法宣誓制度的确立及意义

2015年7月1日，十二届全国人大常委会十五次会议通过了《全国人民代表大会常务委员会关于实行宪法宣誓制度的决定》，以国家立法形式确立了我国的宪法宣誓制度，该决定自2016年1月1日起施行。决定指出："宪法是国家的根本法，是治国安邦的总章程，具有最高的法律地位、法律权威和法律效力。国家工作人员必须树立宪法意识，恪守宪法原则，弘扬宪法精神，履行宪法使命。"

宪法宣誓制度的确立及实行，具有非常重要的意义。实行宪法宣誓制度有利于树立宪法权威；有利于增强国家工作人员的宪法观念，激励和教育国家工作人员忠于宪法、遵守宪法，维护宪法。宪法宣誓仪式是庄严神圣的，宣誓人员通过感受宪法的神圣，铭记自己的权力来源于人民、来源于宪法，在履行职务时就可以严格按照宪法的授权行使职权，发现违反宪法的行为，就能够坚决地捍卫宪法、维护宪法。实行宪法宣誓制度也有利于在全社会增强宪法意识。通过宪法宣誓活动，可以强化全体公民对宪法最高法律效力、最高法律权威、最高法律地位的认识，可以提高全体社会成员自觉遵守宪法，按照宪法规定行使权利、履行义务。

（二）宪法宣誓制度的适用主体

根据决定的规定，宪法宣誓制度的适用主体主要有：

各级人大及县级以上各级人大常委会选举或者决定任命的国家工作人员，以及各级人民政府、人民法院、人民检察院任命的国家工作人员，在就职时应当公开进行宪法宣誓。

全国人大选举或者决定任命的国家主席、副主席，全国人大常委会委员长、副委员长、秘书长、委员，国务院总理、副总理、国务委员、各部部长、各委员会主任、中国人民银行行长、审计长、秘书长，中央军委主席、副主席、委员，最高人民法院院长，最高人民检察院检察长，以及全国人大专门委员会主任委员、副主任委员、委员等，在依照法定程序产生后，进行宪法宣誓。

在全国人大闭会期间，全国人大常委会任命或者决定任命的全国人大专门委员会个别副主任委员、委员，国务院部长、委员会主任、中国人民银行行长、审计长、秘书长，中央军委副主席、委员，在依照法定程序产生后，进行宪法宣誓。

全国人大常委会任命的全国人大常委会副秘书长，全国人大常委会工作委员会主任、副主任、委员，全国人大常委会代表资格审查委员会主任委员、副主任委员、委员等，在依照法定程序产生后，进行宪法宣誓。宣誓仪式由全国人大常委会委员长会议组织。

全国人大常委会任命或者决定任命的最高人民法院副院长、审判委员会委员、庭长、副庭长、审判员和军事法院院长，最高人民检察院副检察长、检察委员会委员、检察员和军事检察院检察长，国家驻外全权代表，在依照法定程序产生后，进行宪法宣誓。宣誓仪式由最高人民法院、最高人民检察院、外交部分别组织。

国务院及其各部门、最高人民法院、最高人民检察院任命的国家工作人员，在就职时进行宪法宣誓。宣誓仪式由任命机关组织。

地方各级人大及县级以上地方各级人大常委会选举或者决定任命的国家工作人员，以及地方各级人民政府、人民法院、人民检察院任命的国家工作人员，在依照法定程序产生后，进行宪法宣誓。

（三）宪法宣誓誓词内容

根据决定的规定，宪法宣誓誓词为："我宣誓：忠于中华人民共和国宪法，维护宪法权威，履行法定职责，忠于祖国、忠于人民，恪尽职守、廉洁奉公，接受人民监督，为建设富强、民主、文明、和谐的社会主义国家努力奋斗！"

（四）宪法宣誓形式

根据决定的规定，宪法宣誓应举行宪法宣誓仪式，根据情况，可以采取单独宣誓或者集体宣誓的形式。单独宣誓时，宣誓人应当左手抚按《中华人民共和国宪法》，右手举拳，诵读誓词。集体宣誓时，由一人领誓，领誓人左手抚按《中华人民共和国宪法》，右手举拳，领诵誓词；其他宣誓人整齐排列，右手举拳，跟诵誓词。

宣誓场所应当庄重、严肃，悬挂中华人民共和国国旗或者国徽。

负责组织宣誓仪式的机关，可以根据决定并结合实际情况，对宣誓的具体事项作出规定。

第六节　国家安全法和全民国家安全教育

国家安全是国家发展的最重要基石、人民福祉的最根本保障。

党的十八大以来，习近平总书记站在国家发展和民族复兴的战略高度，准确把握国家安全的新特点、新趋势，提出总体国家安全观重大战略思想，谋划走出一条中国特色的国家安全道路，为新形势下维护国家安全确立了重要遵循。以设立全民国家安全教育日为契机，以总体国家安全观为指导，全面实施国家安全法，深入开展国家安全宣传教育，切实增强全民国家安全意识，是加强国家安全的必然要求，具有重要现实意义。

一、总体国家安全观的提出

1992年十四大、1997年十五大、2002年十六大，都曾不同程度地提到了国家安全，但只有2004年9月十六届四中全会通过的《中共中央关于加强党的执政能力建设的决定》，才第一次比较系统地论述了国家安全问题，并首次提出要"抓紧构建维护国家安全的科学、协调、高效的工作机制"。

2007年10月，十七大报告把相关提法概括成"健全国家安全体制"八个字。2012年十八大时，相关内容与"国家安全战略"合为一体，被表述为"完善国家安全战略和工作机制"。

在十八届三中全会上，针对设立国家安全委员会的必要性和迫切性，习近平总书记对我国国家安全形势的概括是：当前，我国面临对外维护国家主权、安全、发展利益，对内维护政治安全和社会稳定的双重压力。各种可以预见和难以预见的风险因素明显增多。鉴于当下形势，十八届三中全会公报正式提出了"完善国家安全体制"。至此，"完善国家安全体制"成了一个最准确的表述。

2013年11月12日，党的十八届三中全会公报指出，中央将设立国家安全委员会，完善国家安全体制和国家安全战略，确保国家安全。设立国家安全委员会，提出"总体国家安全观"是对2004年9月十六届四中全会首次提出并在后来多次强调的"构建"或"健全""国家安全工作机制"及"完善国家安全体制"的落实和发展。

2014年1月24日，中共中央政治局召开会议，研究决定国家安全委员会设置。国家安全委员会作为中共中央关于国家安全工作的决策和议事协调机构，统筹协调涉及国家安全的重大事项和重要工作。至此，我国拥有了应对国内外综合安全和制定国家安全战略的顶层运作机制。

2014年4月，中央国家安全委员会第一次全体会议召开，习近平将保证国家安全明确列为头等大事，"总体国家安全观"首次被系统地提出。

2014年4月15日，中央国家安全委员会首次会议的召开，标志着富有中国特色的国家安全机制开始正式运转。习近平在国家安全委员会第一次会议上指出，当前我国国家安全内涵和外延比历史上任何时候都要丰富，时空领域比历史上任何时候都要宽广，内外因素比历史上任何时候都要复杂，必须坚持总体国家安全观。

2015年5月，全国国家安全机关总结表彰大会召开，习近平对"国安干部"提出"坚定纯洁、让党放心、甘于奉献、能拼善赢"十六个字的标准要求。

2015年7月，十二届全国人大常委会十五次会议通过国家安全法，将每年4月15日确定为全民国家安全教育日。2015年7月通过的国家安全法就是把党中央维护国家安全的这一新方针政策法律化、制度化，赋予其法律约束力。

二、新国家安全法应运而生

党的十八大以来，以习近平同志为总书记的党中央团结带领全党全国各族人民，协调推进"四个全面"战略布局，各方面工作都取得新的重大进展，开创了中国特色社会主义建设事业新局面。在新的历史条件下，习近平总书记以强烈的忧患意识和敏锐的洞察力，深刻分析我国国家安全所面临的国际国内形势，提出了总体国家安全观这一重大战略思想。按照党中央的统一部署，全国人大常委会积极稳步推进国家安全立法工作。经过三次审议，十二届全国人大常委会十五次会议通过了新制定的国家安全法。2015年7月1日，国家主席习近平签署的第二十九号主席令公布，自公布之日起施行。国家安全法的制定和实施，对于完善和发展中国特色社会主义制度，推进国家安全治理体系和治理能力现代化，如期实现全面建成小康社会，实现中华民族伟大复兴的中国梦，具有十分重大而深远的现实意义和历史意义。国家安全法适应了国家安全形势发展变化的迫切需要，具有鲜明的时代特征。国家安全法明确了总体国家安全观的指导地位，为走出一条中国特色国家安全道路奠定了法律基础。国家安全法确立了国家安全工作领导体制机制，为实现维护国家安全各领域任务提供了制度保障。国家安全法为构建中国特色国家安全法律制度体系，推进国家安全各项工作法治化提供了基础支撑。

三、新国家安全法贯彻总体国家安全观

国家安全法作为中国特色国家安全法律制度体系中的一部综合性、全局性、基础性的法律，内容非常丰富，内涵也十分深刻。

（一）坚持中国共产党对国家安全工作的领导

坚持中国共产党的领导，是我国宪法确立的基本原则。坚持走中国特色国家安全道路，最根本的就是旗帜鲜明地坚持党对国家安全工作的领导，这是确保国家安

全工作正确政治方向的根本政治原则，任何时候任何情况下都不能动摇。国家安全法第四条规定："坚持中国共产党对国家安全工作的领导，建立集中统一、高效权威的国家安全领导体制。"第五条规定："中央国家安全领导机构负责国家安全工作的决策和议事协调，研究制定、指导实施国家安全战略和有关重大方针政策，统筹协

调国家安全重大事项和重要工作，推动国家安全法治建设。"

（二）坚持以总体国家安全观指导国家安全工作

国家安全法第三条规定："国家安全工作应当坚持总体国家安全观，以人民安全为宗旨，以政治安全为根本，以经济安全为基础，以军事、文化、社会安全为保障，以促进国际安全为依托，维护各领域国家安全，构建国家安全体系，走中国特色国家安全道路。"遵循这一指导原则，国家安全法规定了政治安全、人民安全、国土安全、军事安全、经济安全、文化安全、社会安全、科技安全、信息安全、生态安全、资源安全、核安全，以及新型领域安全等方面的安全任务；规定了国家安全工作应当遵循维护国家安全与经济社会发展相协调和统筹各领域安全的原则。从而，构建起集各领域安全于一体的国家安全体系。

（三）坚持国家安全一切为了人民、一切依靠人民

总体国家安全观强调以人民安全为宗旨。国家安全法第一条开宗明义将"保护人民的根本利益"作为立法目的；将"尊重和保障人权，依法保护公民的权利和自由"作为国家安全工作应当坚持的重要原则；规定了维护人民安全就是维护和发展最广大人民的根本利益，保卫人民安全就要创造良好的生存发展条件和安定工作生活环境；并在多处规定要保护人民生命健康、财产安全和公民的其他合法权益。这些规定，充分体现了维护人民安全是国家安全的终极目的。同时也明确了，人民是维护国家安全的中坚力量，做好国家安全工作，必须紧紧依靠人民，取得人民的拥护和支持。国家安全法规定了中国公民有维护国家安全的责任，并专章规定了公民、组织维护国家安全的义务和权利，这是维护国家安全的群众基础和社会基础。

（四）坚持维护国家核心利益和国家其他重大利益安全

习近平总书记强调，"任何时候任何情况下，都决不放弃维护国家正当权益、决不牺牲国家核心利益。""任何外国不要指望我们会拿自己的核心利益做交易，不要指望我们会吞下损害我国主权、安全、发展利益的苦果。"国家安全法第二条科学界定了国家安全的定义，明确规定："国家安全是指国家政权、主权、统一和领土完整、人民福祉、经济社会可持续发展和国家其他重大利益相对处于没有危险和不受内外威胁的状态，以及保障持续安全状态的能力。"这里，既明确了国家安全法的调整范围，又鲜明地亮出了维护国家核心利益和其他重大利益的底线。

我们要着眼于实现国家长治久安和中华民族伟大复兴的中国梦，立足为"十三五"发展提供安全保障，以新发展理念为引领，紧紧围绕党的十八届五中全会确定的目标任务，通盘谋划国家安全各项工作，整体推进国家安全法的全面贯彻实施。依据法定职责权限，落实维护国家安全的责任。要在党中央统一领导下，把贯彻实施国家安全法作为重要政治任务，各司其职，密切配合，勇于担当，认真落

实维护国家安全的法定职责。深入开展国家安全宣传教育，不断增强全民国家安全意识。切实增强广大党员干部维护国家安全的法律意识和责任感。抓紧将国家安全教育纳入国民教育体系，推动国家安全教育进学校、进教材、进课堂。在全社会开展形式多样、群众喜闻乐见的国家安全法宣传教育活动，使国家安全观念深入人心。加强国家安全相关立法，加快形成国家安全法律制度体系，为维护我国国家安全提供坚实的法治保障。

四、增强法治观念 维护国家安全

国家安全法明确了维护国家安全的基本原则、任务和基本制度，不仅确认建立集中统一、权威高效的国家安全领导体制，而且以法律形式确立了国家安全工作的相关制度，规定了国家机关、公民和组织维护国家安全的职责、权利和义务，是一部综合性、全局性、基础性法律，为构建国家安全法律体系奠定了坚实基础和基本遵循。国家安全法确立了党的领导，社会主义法治原则，协调统筹原则，标本兼治、预防为主、专群结合原则，互信、互利、平等、协作原则等基本原则。

国家安全法专章对维护国家安全的任务作了规定，涉及中国特色社会主义建设"五位一体"总体布局的方方面面，涵盖政治、国土、军事、经济、文化、社会、科技、网络、生态、资源、核及海外利益等多个领域；同时提出，根据经济社会发展和国家发展利益的需要，不断完善维护国家安全的任务。

贯彻实施国家安全法，应当增强法治观念，依法维护国家安全。首先，在立法领域，应当抓紧制定配套法律法规，形成覆盖全面、运行良好的国家安全法律体系。当前，网络安全、能源安全、金融安全等问题是国家安全面临的紧迫问题，也是国家安全立法要优先解决的问题。要加快制定网络安全、生物生态安全、核安全和战略资源储备、紧急状态等方面的法律。加强陆地国土安全、海洋安全、科技安全、公共决策的风险评估等方面的立法工作，修改完善各领域法律法规。

其次，在执法领域，所有机构、组织都必须认真实施法律，切实履行法定的职责和义务，依法维护国家安全。对于违反国家安全法的行为，必须严肃追究、严厉惩治。要加大对国家安全各项建设的投入，在国家安全战略物资储备等方面，采取必要措施，提供强有力的保障。

最后，在守法领域，要通过多种形式开展国家安全宣传教育活动，培育全体公民的国家安全意识。与经济快速发展形成对比，我国公民的国家安全意识相对滞后。长期的和平环境使一些人产生了麻痹思想，忧患意识淡化。为此，必须通过国家安全观教育、爱国主义教育、主权意识教育、公民国家责任教育、法律意识教育等方式，牢固树立起国家利益和国家安全高于一切的中华民族集体认同，将国家安全教育纳入国民教育体系和公务员教育培训体系，扩大国家安全意识教育的社会覆盖面，增强全民国家安全意识，动员全社会的力量，共同维护国家安全。

五、将国家安全宣传摆在重要位置

（一）重视国家安全宣传

制定实施国家安全法，是贯彻习近平总书记总体国家安全观的重要举措，是建立和完善中国特色社会主义国家安全法制体系的核心工作。按照中央统一部署，中宣部把国家安全法宣传教育列入2016年宣传思想工作重点，积极调动全系统的力量，为国家安全法的贯彻实施营造良好舆论氛围和社会环境。中央和地方媒体认真做好法律审议通过的程序性报道，深入解读国家安全法主要内容，及时回应外界关切热点。

结合培育和践行社会主义核心价值观、实施"七五"普法规划等工作，在全社会大力弘扬社会主义法治精神，深入开展国家安全形势教育，大力宣传国家安全法等国家安全和公共安全领域的法律法规，普及国家安全法律知识，引导干部群众认清国家安全形势、增强危机忧患意识、树立国家安全观念，积极支持配合国家安全机关履行职责，有效抵制各种危害国家安全的行为。

国家安全法明确将每年4月15日定为全民国家安全教育日，这是宣传普及国家安全法的有利契机。中央主要媒体在显著位置刊播中共中央的重要批示，报道有关部门披露的涉及国家安全案件，制作刊播一批短小精悍、活泼易懂的新媒体产品。中央重点新闻网站和主要商业网站推出专题，提高全民国家安全教育日的知晓度，增强全社会对国家安全的关注度。

我们要把国家安全作为头等大事，将国家安全法宣传教育摆到更加重要位置，以总体国家安全观为指导，以全民国家安全教育日活动为契机，创新方式方法，加大工作力度，深入开展国家安全宣传教育，切实增强全民国家安全意识。当前，贯彻落实国家安全法任务艰巨繁重。要紧扣全民国家安全教育日、国家安全法实施周年等重要时间节点，组织开展一系列内容丰富、形式多样、注重实效的宣传教育活动，比如主题展览、知识竞赛、影视歌曲、典型评选等，主流媒体集中刊播相关专题报道、评论和理论文章，定期公布有关案例，注重通过多媒体平台提高宣传教育的实际效果，特别注意体现贴近性，让人民群众实实在在体会到国家安全与自己切身相关，提高全民维护国家安全的主动性和参与度。

结合贯彻落实《中组部、中宣部、司法部、人力资源和社会保障部关于完善国家工作人员学法用法制度的意见》，推动各地各部门把国家安全相关法律法规作为领导干部日常学法、用法的重要内容，纳入具体学习计划和法律培训等工作安排，确保学习时间，促进领导干部学习国家安全相关法律法规经常化、制度化。

（二）国家安全法宣传重点

总体国家安全观，是我们党维护国家安全理论和实践的重大创新，是新形势下指导国家安全工作的强大思想武器和行动指南。认真学习、系统宣传总体国家安全观，对于应对我国国内外安全挑战、维护国家长治久安具有深远意义。各级司法行政机关要做好总体国家安全观的学习贯彻和宣传教育工作，深入宣传总体国家安全观提出的时代背景、重大意义和丰富内涵，深入宣传人民安全是国家安全的根本宗旨，进一步坚定贯彻落实总体国家安全观、走中国特色国家安全道路的信心和决心。

1. 深入宣传普及国家安全法以及反恐怖主义法、反间谍法等法律法规

深入宣传普及国家安全法以及反恐怖主义法、反间谍法等法律法规，是推动依法维护国家安全的基础性工作。国家安全法等法律颁布以来，司法部结合全国"七五"普法规划的研究制定，推动将国家安全法等法律法规纳入"七五"普法规划重要内容，印发了《关于深入开展〈国家安全法〉宣传教育活动的通知》，对首个全民国家安全教育日系列宣传和国家安全法在全社会的宣传普及作出部署安排。全国普法办组织专家学者录制了国家安全法微视频公开课，会同有关部门编写权威普法资料，准确解读、广泛普及国家安全法律知识；以国家安全法为主要内容，组织开展全国百家网站法律知识竞赛活动、动漫微电影作品征集活动，取得明显效果。各级司法行政机关要推动把国家安全法的宣传普及纳入"七五"普法规划，大力宣传国家安全法的立法宗旨和主要内容，大力宣传反恐怖主义法、反间谍法等与维护国家安全密切相关的法律法规。要精心组织好全民国家安全教育日系列宣传活动，坚持日常宣传和集中宣传相结合，推动国家安全法的宣传普及不断深入。

2. 强化维护国家安全法治意识是依法维护国家安全的重要前提

各级司法行政机关要在普及国家安全法律知识的同时，更加注重培养维护国家安全法治意识，努力营造全民尊法学法守法用法的良好氛围。要推动国家安全法进机关、进乡村、进社区、进学校、进企业、进单位，促进国家安全法宣传教育向面上拓展、向基层延伸。要抓好国家工作人员特别是领导干部这个"关键少数"，把国家安全相关法律作为国家工作人员学法用法的重要内容，纳入党委（党组）理论学习中心组学习内容，督促国家工作人员学习掌握国家安全相关法律知识，牢固树立总体国家安全观，依法履行维护国家安全职责。要坚持国家安全教育从青少年抓起，通过在各类青少年法治教育基地中增加国家安全法主题内容，组织开展国家安全教育专题活动等，引导青少年从小树立维护国家安全意识。要注重以案释法，结合公开发布的典型案例，组织开展警示教育，从社会公众易于理解接受的角度，生动直观地普及宣传国家安全法。要积极推进国家安全法律法规宣传方式方法创新，注重综合运用传统媒体和互联网以及微信、微博、客户端等新媒体新技术，扩大覆盖面、增强渗透力，提高针对性和实效性。

（三）把国家安全教育纳入国民教育体系

国家安全法颁布以来，教育部坚持以总体国家安全观为指导，全面加强和深化教育系统国家安全工作。

认真落实"将国家安全教育纳入国民教育体系"的法定要求。把国家安全法教育纳入《青少年法治教育大纲》，编写国家安全教育学生读本，系统规划和科学安排国家安全教育的目标定位、原则要求、实施路径。发挥课堂教学主渠道作用，分阶段、分层次安排国家安全教育内容，构建大中小学有效衔接的国家安全教育教学体系。会同有关部门研究建设国家安全教育教学资源库，已开设15门直接相关的在线开放课程，为学生提供更多的学习资源。深入实施中国特色新型高校智库建设推进计划，组织开展国家安全专题研究，为维护国家安全提供智力支持。

扎实做好教育系统维护国家安全工作。坚持党对国家安全工作的领导，各省级党委教育工作部门和75所直属高校党委全部建立统筹落实本地本校维护国家安全和学校稳定工作的领导小组及办公室。扎实做好学校安全工作，会同公安部每年至少召开一次全国学校安全工作电视电话会议，完善人防、物防、技防措施，2015年发生在校园的危害公共安全事件同比下降35%。切实加强与各有关部门的协调配合，准确把握教育系统国家安全形势，全面开展风险调查评估、监测预警，有效防范和处置各种渗透破坏活动。积极参与国家安全相关重点领域工作协调机制，抓好有关工作落实。教育系统特别是高校连续27年保持稳定，成为全社会维护稳定的积极力量。

加快培养国家安全工作专门人才和特殊人才。开设与国家安全相关的信息安全、信息对抗、保密管理等本科专业，共布点115个。2015年设立"网络空间安全"一级学科，29所高校新增列或调整设立博士学位授权点，系统培养高层次网络安全人才。鼓励有关学位授予单位按照有关规定，加强国家安全各领域的人才培养工作。组织国家安全相关专业教学指导委员会，制定完善教学质量国家标准，作为专业准入、专业建设和专业评价的依据。联合有关部门实施"卓越工程师教育培养计划"，建立高校与行业企业联合培养人才的新机制，有针对性地培养适应国家安全工作需要的高素质工程技术人才。

开展多种形式的国家安全宣传教育活动。各地各校大力宣传国家安全法，广泛开展国家安全知识竞赛、专题讲座、主题班会等活动，积极参与国家安全法律知识普及周、全国大学生信息安全竞赛等活动，引导师生牢固树立国家安全意识、坚决维护国家安全、坚定拥护中国共产党领导和中国特色社会主义制度。教育部正会同有关部门研究建立面向学生的国家安全校外教育项目和教育基地，进一步增强国家安全教育的针对性和实效性。

为境外人员非法提供国家秘密危害国家安全

【案情介绍】某年3月，被告人吴某与前来北京采访该届人大五次会议新闻的境外某报记者梁某相识。梁某为了获取大会领导人演讲的报告稿，唆使吴某进行搜集。同年10月4日上午，吴某利用工作之便，将本单位有关人员内部传阅的某位中央领导在该次全国人大会上的报告送审稿（绝密级）私自复印一份，携带回家。当日下午，吴某按事先约定的地点将该报告稿非法提供给梁某。尔后，梁某使用私自安装的传真机将此报告稿全文传到境外报社。10月5日，该境外报纸全文刊登了这个报告稿。10月21日，梁某与吴某在约定地点见面，梁某付给吴某人民币外汇兑换券5000元。

【以案释法】北京市检察院以吴某为境外人员非法提供国家秘密罪，向北京市中级人民法院提起公诉。北京市中级人民法院依法不公开审理此案。该院认为，被告人吴某身为国家工作人员，为谋私利，违反国家保密法规，为境外人员非法提供国家核心机密，危害国家安全，被告人的行为已构成为境外人员非法提供国家秘密罪，其犯罪性质恶劣，情节、后果特别严重。依照刑法的规定，判决被告人吴某为境外人员非法提供国家秘密罪成立，判处吴某无期徒刑，剥夺政治权利终身，同时，查获的赃款予以没收。

第七节　立法法修正解读

2000年3月15日，九届全国人大三次会议通过立法法。2015年3月15日，十二届全国人大三次会议根据《关于修改〈中华人民共和国立法法〉的决定》对立法法进行了修正。

一、立法法修正的必要性和指导思想

立法是国家的重要政治活动，立法法是关于国家立法制度的重要法律。我国现行立法法自2000年颁布施行以来，对规范立法活动，推动形成和完善中国特色社会主义法律体系，推进社会主义法治建设，发挥了重要作用。实践证明，立法法确立的立法制度总体是符合国情、行之有效的。但是，随着我国社会经济的发展和改革的不断深化，人民群众对加强和改进立法工作有许多新期盼，以习近平同志为总书记的党中央提出了新要求，立法工作面临不少需要研究解决的新情况、新问题。立法工作关系党和国家事业发展全局，在全面建成小康社会、全面深化改革、全面依法治国、全面从严治党的战略布局中，将发挥越来越重要的作用。为了适应立法工作新形势新任务的需要，贯彻落实党的十八大和十八届三中、四中全会精神，总结立法法施行以来推进科学立法、民主立法的实践经验，适时修改立法法，是十分必要的。这对于完善立法体制，提高立法质量和立法效率，维护国家法制统一，形成完备的法律规范体系，推进国家治理体系和治理能力现代化，建设社会主义法治国家，具有重要的现实意义和长远意义。

修改立法法的指导思想是，贯彻落实党的十八大和十八届三中、四中全会精神，高举中国特色社会主义伟大旗帜，以马克思列宁主义、毛泽东思想、邓小平理论、"三个代表"重要思想、科学发展观为指导，深入学习贯彻习近平总书记系列重要讲话精神，坚持党的领导、人民当家作主、依法治国有机统一，以提高立法质量为重点，深入推进科学立法、民主立法，更好地发挥立法的引领和推动作用，发挥人大及其常委会在立法工作中的主导作用，完善以宪法为核心的中国特色社会主义法律体系，全面推进依法治国，建设社会主义法治国家。

二、富有时代特征的立法理念

立法法修正案在十二届全国人大三次会议上高票通过，为推进全面依法治国进程提供了立法规范上的直接前提。这次立法法的修改，确立了今后立法工作的理念、体制和程序，需要贯彻实施好。修正后的立法法富有时代特征的立法理念：

（一）法治的理念

立法法着眼进一步增进地方法治的适应性、能动性，突出立法的引领和规范功能。在立法与改革之间的关系上以更加融合的视角看待全面深化改革和全面依法治国之间的依存性、互动性；更加强调法治作为治国理政的基本方略，在调整立法权限、注重立法质量、落实法律保留、实现税收法定、加强立法监督、严格立法边界、约束行政立法、规范司法解释诸方面无不基于法治思维，努力护佑良法产出、调控立法供给。

（二）科学的理念

立法法明确将提高立法质量作为立法的一项基本要求，在总则中做出规定，并以"具有针对性和可执行性"作为立法质量和成效的基本指标。立法法修改还增加法律通过前评估、法律清理、制定配套规定、立法后评估等一系列推进科学立法的措施。

（三）民主的理念

这体现在通过立法规划和计划、先期介入立法起草、协调乃至主持起草等来确保人大主导立法，更加重视和发挥人大代表在立法中的作用，拓宽公民有序参与立法的途径，开展立法协商，完善立法论证、听证、法律草案公开征求意见等制度上。

三、确立更加合理完备的立法体制

立法法的修改着力于从健全立法体制出发激活立法动力、树立立法规矩。进一步强化立法权力和立法权利两轮驱动的格局。对公民的立法知情权、参与权、表达权、监督权予以规定，疏浚和拓宽了立法参与权的表达路径，这方面的一个显豁亮点是规定了审查请求权等立法监督权利。

（一）在制度层面保证立法主导权归人大

这是对人民代表大会制度的健全。其中还进一步突出人大代表在实现科学立法、民主立法，实现人大主导中的地位和角色，巩固和充实包括税收法定在内的、关系到公民基本权利的最高国家权力机关专门立法权，积极而又审慎地对待地方立法权的普遍扩容，维护宪法权威和法制统一。

（二）严格授权立法体制，实现授权与限权的统一

具体规定了授权决定应当明确包含授权的目的、事项、范围、期限和被授权机关实施授权决定应当遵循的原则。实施授权决定不超过五年，实施期限届满前六个月应当报告实施情况。进一步明确了中央与地方的立法权限，赋予设区的市相应的地方立法权，地方立法体制更加完善。在我们这样一个处于梯度发展和改革深化的大国，地方立法确有必要。一方面，要权力下移、权力释放、立法扩容，使得地方性的事务通过地方立法的途径实现法律的治理、纳入法治的轨道。地方立法绝不是可有可无，许多法律、行政法规需要地方性法规加以细化和补充，使之能够得到更好的贯彻实施。另一方面，"根据本行政区域的具体情况和实际需要"是地方立法最重要的前提，必须坚守"在不同宪法、法律、行政法规相抵触的前提下"这条底线。而"地方性"或曰因地制宜则是地方立法的生命线和活力源。

（三）切实强化了立法监督体制

首先严格界定了部门规章和地方政府规章边界。将部门规章限定在"应当属于执行法律或者国务院的行政法规、决定、命令的事项"，突出了部门规章的执行性，严格明确不得法外设权，既是对公民权利与行政权力关系上的一个刚性标准，又为立法监督中的备案审查、主动审查和申请审查等提供了最基本的衡量标准。立法法还进一步限缩了司法解释的创设空间。

（四）树立民主科学规范的立法程序

首先，在立法法修改过程中，对立法进行全程化的调整，使之切实成为具有社会反映能力、信息收集能力、民意表达能力、利益协调能力、议程设置能力、法案设计能力和意志形成能力的人民意志汇集和凝聚的过程，并由此科学设计了立法提案程序、立法建议程序、法案起草程序、立法规划程序、项目调整程序、立法听证程序、影响评估程序、立法协商程序、立法审议程序、法案表决程序以及法律公布程序等。

其次，在全国人大及其常委会立法程序上，纳入了立法规划与计划程序，细化了全国人大有关的专门委员会、常委会工作机构的立法程序环节和工作机制方法，规定其可以提前参与有关方面的法律草案起草工作；对涉及综合性、全局性、基础性等事项的法律草案，可以由全国人大有关的专门委员会或者常委会工作机构组织

起草，并健全立法机关和社会公众沟通机制，征求人大代表意见建议制度。还针对审议和表决机制进行了富有前瞻性的规定。

再次，在行政法规制定程序上进一步强调其开放性和参与性，进一步防范和破除部门本位主义的侵扰，突出政府层面的法规创制决定权和政府法制机构的协调、审查权能与职责。

最后，强化了备案审查程序。进行了主动审查报送备案的规范性文件和审查申请人反馈与公开机制这两个更加凸显立法监督权威和效能的重要制度创新。

（五）扎实的新法实施准备工作

在制度建置上，以立法法的"升级版"为依据，进一步修改完善立法机关的议事规则，制定、修订完善各地地方立法条例或地方立法程序规定，注重与民族区域自治法、地方人大和地方政府组织法之间的衔接，深入研究设区的市立法权行使的条件与方案，将立法法的实施与法治政府建设、法治地方建设结合起来。

在实施条件上，切实加强立法工作者队伍建设，加强立法智库建设，加强立法调查研究、代表联系点和基层立法观测点建设，积极探索大数据应用在保障立法的科学化、民主化的方法，夯实包括技术条件在内的立法法实施的社会基础。

更要抓住干部特别是领导干部这个实行法治的"关键少数"，切实强化领导干部对实施立法法的认知和认同，扎实推动立法法的实施，推进法治中国进程。有些修改是总结多年来立法工作中的好经验、好做法，比如一次性表决，多个同类的法律修改可以一并表决或者分别表决等。有些修改是将原有的规定进一步完善，如授权立法的进一步规范等。

四、新法修改的六大亮点

十二届全国人大三次会议2015年3月15日举行全体会议，会议经表决通过了关于修改立法法的决定。这是中国15年来首次修改立法法。修改后的立法法关于授予设区的市地方立法权、规范授权立法、明确税收法定原则等六大亮点引发关注。

（一）规范授权立法，使授权不再放任

修改后的立法法规定，授权决定应当明确授权的目的、事项、范围、期限以及被授权机关实施授权决定应当遵循的原则等。授权的期限不得超过五年，被授权机关应在授权期满前六个月，向授权机关报告授权实施情况。

（二）授予设区的市地方立法权

目前，中国设区的市有284个，按照现行立法法规定，享有地方立法权的有49个，尚没有地方立法权的有235个。此次立法法修改依法赋予设区的市地方立法权，这意味着具有地方立法权的市实现扩围。

修改后的立法法还相应明确了地方立法的权限和范围，明确设区的市可以对"城乡建设与管理、环境保护、历史文化保护等方面的事项"制定地方性法规。

（三）明确细化税收法定原则

中共十八届三中全会决定提出落实税收法定原则的明确要求。修改前的立法法第八条规定了只能制定法律的事项，税收是在该条第八项"基本经济制度以及财政、税收、海关、金融和外贸的基本制度"中规定。

修改后的立法法将税收专设一项作为第六项，明确"税种的设立、税率的确定和税收征收管理等税收基本制度"只能由法律规定。这意味着，今后政府收什么税，向谁收，收多少，怎么收等问题都要通过全国人大及其常委会的立法决定。

我国现行的18种税中，只有个人所得税、企业所得税和车船税3种税是由全国人大及其常委会制定法律开征，其他15种税都是国务院制定暂行条例开征的，其收入占税收总收入的70%。

改革开放初期，考虑到我国法制建设尚处于起步阶段，建立现代税制的经验和条件都不够，全国人大及其常委会于1984年和1985年先后两次把税收立法权授予国务院，由此，"条例"或"暂行条例"成了大多数税收的征收依据。十八届三中全会、四中全会明确提出落实税收法定原则。

（四）界定部门规章和地方政府规章边界

修改后的立法法对于部门规章和地方政府规章权限进行规范。通过修法，一些地方限行、限购等行政手段就不能那么"任性"了。为进一步明确规章的制定权限范围，推进依法行政，修改后的立法法规定："部门规章规定的事项应当属于执行法律或者国务院的行政法规、决定、命令的事项。没有法律或者国务院的行政法规、决定、命令的依据，部门规章不得设定减损公民、法人和其他组织权利或者增加其义务的规范，不得增加本部门的权力或者减少本部门的法定职责。"国务院部门和地方政府制定任何规章，只要没有上位法律法规依据的，不能减损公民权利，也不能随意增加公民的义务。

（五）加强备案审查

规范性文件备案审查是保证宪法法律有效实施、维护国家法制统一的重要制度。修改后的立法法明显加强了备案审查力度，明确规定主动审查，如规定有关的专门委员会和常务委员会工作机构可以对报送备案的规范性文件进行主动审查。

再如，新的立法法还提出审查申请人反馈与公开机制，规定全国人大有关的专门委员会和常委会工作机构可以将审查、研究情况向提出审查建议的国家机关、社会团体、企业事业组织以及公民反馈，并可以向社会公开。

（六）对司法机关制定的司法解释加以规范

针对目前实践中司法解释存在的诸多问题，此次立法法修改，对司法解释也做了约束性规定。

这方面的规定包括：最高法院、最高检对审判工作、检察工作中具体应用法律的解释，应当主要针对具体的法律条文，并符合立法的目的、原则和原意；最高法院、最高检作出具体应用法律的解释，应当报全国人大常委会备案；除最高法院、最高检外，其他审判机关和检察机关不得作出具体应用法律的解释等。

🔍 以案释法 ⑨

法律规定出现冲突时如何适用

【案情介绍】原告李某通过了某市人事局组织的2007年考试录用公务员的笔试和面试。2007年7月26日，市人事局按湘人发（2007）33号文件和国人部发（2005）1号《公务员录用体检通用标准（试行）》规定，委托该市四三〇医院对已通过面试和笔试的考生进行体检，原告李某体检结论为"不合格"。2007年8月3日，人事局以同样的体检依据，委托该市另一家医院对李某进行复检，结论为：肝功能无损害，大三阳，无症状和体征，根据湘人发（2005）31号文件附1第七项可诊断慢性活动性乙肝，不合格。体检后，市人事局电话通知原告：体检不合格，不予录用。但在2007年3月1日，人事部办公厅、卫生部办公厅下发国人厅发（2007）25号《关于印发〈公务员录用体检操作手册〉（试行）的通知》则明确"单纯大、小三阳而无肝脏生化异常者，不应按现症肝炎患者对待，而应按乙型肝炎病原携带者对待，作合格结论。"在体检时，原告要求市人事局按国人厅发（2007）25号文件规定的标准执行，而市人事局不同意适用该文件。为此原告向法院起诉。

【以案释法】本案最关键的是法律规定出现冲突时如何适用的问题。法律的效力，一般说来，法律高于行政法规、地方性法规、规章；行政法规的效力高于地方性法规、规章；地方性法规的效力高于本级和下级地方政府规章。省、自治区的人民政府制定的规章的效力高于本行政区域内的较大的市的人民政府制定的规章。关于地方性法规和部门规章的效力问题，我国立法法的规定非常具有操作性："地方性法规、规章之间不一致时，由有关机关依照下列规定的权限作出裁决：（一）同一机关制定的新的一般规定与旧的特别规定不一致时，由制定机关裁决；（二）地方性法规与部门规章之间对同一事项的规定不一致，不能确定如何适用时，由国务院提出意见，国务院认为应当适用地方性法规的，应当决定在该地方适用地方性法规的规定；认为应当适用部门规章的，应当提请全国人民代表大会常务委员会裁决；（三）部门规章之间、部门规章与地方政府规章之间对同一事项的规定不一致时，由国务院裁决。根据授权制定的法规与法律规定不一致，不能确定如何适用时，由全国人民代表大会常务委员会裁决。"在本案中，国家人事厅和卫生厅联合发布的国人厅发（2007）25号《关于印发〈公务员录用体检操作手册〉（试行）的通知》显然是根据立法法的规定，依法律和国务院的行政法规、决定、命令，在其部门的权限范围内，制定的部门规章，又因为涉及了两个以上国务院部门职权范围的事项，所以两个部门联合制定了规章。部门规章在与上位法没有冲突的情况下，适用于全国范围。而湘人发（2007）33号文件是由湖南省委组织部和湖南省人事厅共同制定的，并非一个地方性法规，只是地方政府一个部门的规范性文件，它的效力自然劣于部门规章。所以，当这两个文件发生冲突的时，适用部门规章，也就是国人厅发（2007）25号文件，是无疑的。何况湘人发（2007）33号文件也明确指出要适用更早的部门规章国人部发（2005）1号文件，而国人厅发（2007）25号文件只是国人部发（2005）1号文件所列各项体检标准的细化，并没有增加新的规定。

思考题

1. 宪法的根本性体现在哪些方面？

2. 设立国家宪法日的重大意义是什么？

3. 为什么说国家安全是头等大事？

4. 新修订的立法法有哪些亮点？

第五章 "一带一路"战略概述

> **本 章 要 点**
>
> 　　共建"一带一路"的途径是以目标协调、政策沟通为主，不刻意追求一致性，可高度灵活，富有弹性，是多元开放的合作进程。"一带一路"是一条互尊互信之路，一条合作共赢之路，一条文明互鉴之路。只要沿线各国和衷共济、相向而行，就一定能够谱写建设丝绸之路经济带和21世纪海上丝绸之路的新篇章，让沿线各国人民共享"一带一路"共建成果。

第一节 "一带一路"战略提出和推进

　　2000多年前，亚欧大陆上勤劳勇敢的人民，探索出多条连接亚欧非几大文明的贸易和人文交流通路，后人将其统称为"丝绸之路"。丝绸之路是起始于中国，连接亚洲、非洲和欧洲的古代陆上商业贸易路线，最初的作用是运输中国古代出产的丝绸、瓷器等商品，后来成为东方与西方之间在经济、政治、文化等诸多方面进行交流的主要道路。

　　进入21世纪，在以和平、发展、合作、共赢为主题的新时代，面对复苏乏力的全球经济形势，纷繁复杂的国际和地区局面，传承和弘扬丝绸之路精神更显重要和珍贵。

　　2013年9月和10月，中国国家主席习近平在出访中亚和东南亚国家期间，先后提出共建"丝绸之路经济带"和"21世纪海上丝绸之路"（以下简称"一带一路"）的重大倡议，得到国际社会高度关注。中国国务院总理李克强参加2013年中国—东盟博览会时强调，铺就面向东盟的海上丝绸之路，打造带动腹地发展的战略支点。

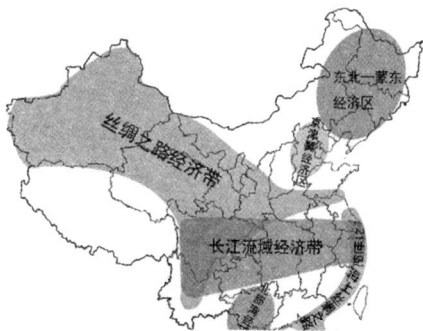

加快"一带一路"建设，有利于促进沿线各国经济繁荣与区域经济合作，加强不同文明交流互鉴，促进世界和平发展，是一项造福世界各国人民的伟大事业。

"一带一路"建设是一项系统工程，要坚持共商、共建、共享原则，积极推进沿线国家发展战略的相互对接。为推进实施"一带一路"重大倡议，让古丝绸之路焕发新的生机活力，以新的形式使亚欧非各国联系更加紧密，互利合作迈向新的历史高度，中国政府特制定并发布《推动共建丝绸之路经济带和21世纪海上丝绸之路的愿景与行动》。

一、"一带一路"战略提出的时代背景

当今世界正发生复杂深刻的变化，国际金融危机深层次影响继续显现，世界经济缓慢复苏、发展分化，国际投资贸易格局和多边投资贸易规则酝酿深刻调整，各国面临的发展问题依然严峻。共建"一带一路"顺应世界多极化、经济全球化、文化多样化、社会信息化的潮流，秉持开放的区域合作精神，致力于维护全球自由贸易体系和开放型世界经济。共建"一带一路"旨在促进经济要素有序自由流动、资源高效配置和市场深度融合，推动沿线各国实现经济政策协调，开展更大范围、更高水平、更深层次的区域合作，共同打造开放、包容、均衡、普惠的区域经济合作架构。共建"一带一路"符合国际社会的根本利益，彰显人类社会共同理想和美好追求，是国际合作以及全球治理新模式的积极探索，将为世界和平发展增添新的正能量。

共建"一带一路"致力于亚欧非大陆及附近海洋的互联互通，建立和加强沿线各国互联互通伙伴关系，构建全方位、多层次、复合型的互联互通网络，实现沿线各国多元、自主、平衡、可持续的发展。"一带一路"的互联互通项目将推动沿线各国发展战略的对接与耦合，发掘区域内市场的潜力，促进投资和消费，创造需求和就业，增进沿线各国人民的人文交流与文明互鉴，让各国人民相逢相知、互信互敬、共享和谐、安宁、富裕的生活。

当前，中国经济和世界经济高度关联。中国将一以贯之地坚持对外开放的基本国策，构建全方位开放新格局，深度融入世界经济体系。推进"一带一路"建设既是中国扩大和深化对外开放的需要，也是加强和亚欧非及世界各国互利合作的需要，中国愿意在力所能及的范围内承担更多责任义务，为人类和平发展作出更大的贡献。

二、"一带一路"战略坚持的原则

（一）恪守联合国宪章的宗旨和原则

遵守和平共处五项原则，即尊重各国主权和领土完整、互不侵犯、互不干涉内政、和平共处、平等互利。

（二）坚持开放合作

"一带一路"相关的国家基于但不限于古代丝绸之路的范围，各国和国际、地

区组织均可参与，让共建成果惠及更广泛的区域。

（三）坚持和谐包容

倡导文明宽容，尊重各国发展道路和模式的选择，加强不同文明之间的对话，求同存异、兼容并蓄、和平共处、共生共荣。

（四）坚持市场运作

遵循市场规律和国际通行规则，充分发挥市场在资源配置中的决定性作用和各类企业的主体作用，同时发挥好政府的作用。

（五）坚持互利共赢

兼顾各方利益和关切，寻求利益契合点和合作最大公约数，体现各方智慧和创意，各施所长，各尽所能，把各方优势和潜力充分发挥出来。

三、"一带一路"战略的框架思路

"一带一路"是促进共同发展、实现共同繁荣的合作共赢之路，是增进理解信任、加强全方位交流的和平友谊之路。中国政府倡议，秉持和平合作、开放包容、互学互鉴、互利共赢的理念，全方位推进务实合作，打造政治互信、经济融合、文化包容的利益共同体、命运共同体和责任共同体。

"一带一路"贯穿亚欧非大陆，一头是活跃的东亚经济圈，一头是发达的欧洲经济圈，中间广大腹地国家经济发展潜力巨大。丝绸之路经济带重点畅通中国经中亚、俄罗斯至欧洲（波罗的海）；中国经中亚、西亚至波斯湾、地中海；中国至东南亚、南亚、印度洋。21世纪海上丝绸之路重点方向是从中国沿海港口过南海到印度洋，延伸至欧洲；从中国沿海港口过南海到南太平洋。

根据"一带一路"走向，陆上依托国际大通道，以沿线中心城市为支撑，以重点经贸产业园区为合作平台，共同打造新亚欧大陆桥、中蒙俄、中国—中亚—西亚、中国—中南半岛等国际经济合作走廊；海上以重点港口为节点，共同建设通畅安全高效的运输大通道。中巴、孟中印缅两个经济走廊与推进"一带一路"建设关联紧密，要进一步推动合作，取得更大进展。

"一带一路"建设是沿线各国开放合作的宏大经济愿景，需各国携手努力，朝着互利互惠、共同安全的目标相向而行。努力实现区域基础设施更加完善，安全高效的陆海空通道网络基本形成，互联互通达到新水平；投资贸易便利化水平进一步提升，高标准自由贸易区网络基本形成，经济联系更加紧密，政治互信更加深入；人文交流更加广泛深入，不同文明互鉴共荣，各国人民相知相交、和平友好。

四、"一带一路"的积极稳步有序推进

2015年我国"一带一路"战略有了一个良好的开局。从国内看，各地区都在纷纷筹划如何融入这一战略，甚至呈现出争"起点"、争"核心"等争先恐后、抢抓机遇的局面。推进战略的实施，要坚持"积极、稳步、有序"的总方针，避免出现国

际上"剃头挑子一头热"、国内地区间无序竞争、超能力对外援助投资等问题和风险。

（一）尽快出台总体规划指导意见

编制一个完整详实的"一带一路"规划需要时间和大量的调查研究论证，短期内难以做到，由于涉及国际层面，这样的规划也较为敏感，因而建议有关部门初期先尽快出台总体指导意见，重点明确推进原则、思路、主要任务、空间布局、国内相关区域定位以及保障措施，以指导部门、地区和企业行为，避免无序和重复建设。

（二）要重视该战略惠及沿线国家民众的国际推介

为体现"亲、诚、惠、容"的周边外交理念，使沿线国家对中国更认同、更亲近、更支持，要加大在国际上的推介力度，特别是要突出"一带一路"战略如何能够使沿线国家民众受益。同时邀请沿线国家的普通民众来我国参观访问，增进民间交流尤其是青年学生交流和民众友谊。

（三）加强对各地区开辟国际货运班列和跨境物流的管理

目前我国至少已有8个城市开通了直达中亚和欧洲的国际货运班列，还有很多城市正在计划开辟新的铁路货运线路。这些班列对于我国商品更快地进入国际市场发挥了积极作用，也是丝路经济带建设的重要内涵。需要注意的是，随着班列的增多，各地抢夺货源的竞争也趋激烈；同时，跨境电商、跨境物流加快发展。有关部门需做好管控，防止恶性竞争损害国家整体利益。

（四）对外援助投资要严格论证，把控风险

我国周边一些国家经济发展相对滞后，对交通等基础设施建设需求很大，建立亚洲基础设施投资银行和丝路基金有助于对这些国家提供帮助，并逐步形成我国政府的海外发展援助机制（ODA）。对于这些基础设施项目必须遵循国际通行规则严格进行可行性论证，既要考虑需要，也要考虑可承受能力，防止出现后续项目的"无底洞"效应。

第二节 "一带一路"战略的国际合作和国内比较优势

根据党和国家的统一部署，推进"一带一路"建设，我国将积极利用现有双多边合作机制，推动"一带一路"建设，促进区域合作蓬勃发展。

一、国际方面

（一）加强双边合作

通过开展多层次、多渠道沟通磋商，推动双边关系全面发展。推动签署合作备忘录或合作规划，建设一批双边合作示范。建立完善双边联合工作机制，研究推进"一带一路"建设的实施方案、行动路线图。充分发挥现有联委会、混委会、协委会、

指导委员会、管理委员会等双边机制作用，协调推动合作项目实施。

（二）强化多边合作机制作用

发挥上海合作组织（SCO）、中国—东盟（"10+1"）、亚太经合组织（APEC）、亚欧会议（ASEM）、亚洲合作对话（ACD）、亚信会议（CICA）、中阿合作论坛、中国—海合会战略对话、大湄公河次区域（GMS）经济合作、中亚区域经济合作（CAREC）等现有多边合作机制作用，相关国家加强沟通，让更多国家和地区参与"一带一路"建设。

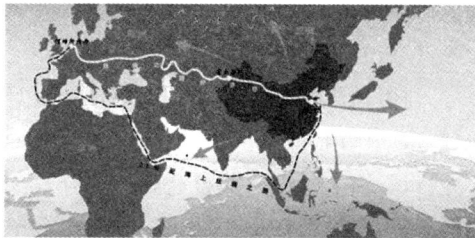

（三）发挥对话磋商平台的积极作用

继续发挥沿线各国区域、次区域相关国际论坛、展会以及博鳌亚洲论坛、中国—东盟博览会、中国—亚欧博览会、欧亚经济论坛、中国国际投资贸易洽谈会，以及中国—南亚博览会、中国—阿拉伯博览会、中国西部国际博览会、中国—俄罗斯博览会、前海合作论坛等平台的建设性作用。支持沿线国家地方、民间挖掘"一带一路"历史文化遗产，联合举办专项投资、贸易、文化交流活动，办好丝绸之路（敦煌）国际文化博览会、丝绸之路国际电影节和图书展。倡议建立"一带一路"国际高峰论坛。

二、国内方面

充分发挥国内各地区比较优势，实行更加积极主动的开放战略，加强东中西互动合作，全面提升开放型经济水平。

（一）西北、东北地区

发挥新疆独特的区位优势和向西开放重要窗口作用，深化与中亚、南亚、西亚等国家交流合作，形成丝绸之路经济带上重要的交通枢纽、商贸物流和文化科教中心，打造丝绸之路经济带核心区。发挥陕西、甘肃综合经济文化和宁夏、青海民族人文优势，打造西安内陆型改革开放新高地，加快兰州、西宁开发开放，推进宁夏内陆开放型经济试验区建设，形成面向中亚、南亚、西亚国家的通道、商贸物流枢纽、重要产业和人文交流基地。发挥内蒙古联通俄蒙的区位优势，完善黑龙江对俄铁路通道和区域铁路网，以及黑龙江、吉林、辽宁与俄远东地区陆海联运合作，推进构建北京—莫斯科欧亚高速运输走廊，建设向北开放的重要窗口。

（二）西南地区

发挥广西与东盟国家陆海相邻的独特优势，加快北部湾经济区和珠江—西江经济带开放发展，构建面向东盟区域的国际通道，打造西南、中南地区开放发展新的战略支点，形成21世纪海上丝绸之路与丝绸之路经济带有机衔接的重要门户。发挥云南区位优势，推进与周边国家的国际运输通道建设，打造大湄公河次区域经济合作新高地，建设成为面向南亚、东南亚的辐射中心。推进西藏与尼泊尔等国家边境贸易和旅游文化合作。

（三）沿海和港澳台地区

利用长三角、珠三角、海峡西岸、环渤海等经济区开放程度高、经济实力强、辐射带动作用大的优势，加快推进中国（上海）自由贸易试验区建设，支持福建建设21世纪海上丝绸之路核心区。充分发挥深圳前海、广州南沙、珠海横琴、福建平潭等开放合作区作用，深化与港澳台合作，打造粤港澳大湾区。推进浙江海洋经济发展示范区、福建海峡蓝色经济试验区和舟山群岛新区建设，加大海南国际旅游岛开发开放力度。加强上海、天津、宁波—舟山、广州、深圳、湛江、汕头、青岛、烟台、大连、福州、厦门、泉州、海口、三亚等沿海城市港口建设，强化上海、广州等国际枢纽机场功能。以扩大开放倒逼深层次改革，创新开放型经济体制机制，加大科技创新力度，形成参与和引领国际合作竞争新优势，成为"一带一路"特别是21世纪海上丝绸之路建设的排头兵和主力军。发挥海外侨胞以及香港、澳门特别行政区独特优势作用，积极参与和助力"一带一路"建设。为台湾地区参与"一带一路"建设作出妥善安排。

（四）内陆地区

利用内陆纵深广阔、人力资源丰富、产业基础较好优势，依托长江中游城市群、成渝城市群、中原城市群、呼包鄂榆城市群、哈长城市群等重点区域，推动区域互动合作和产业集聚发展，打造重庆西部开发开放重要支撑和成都、郑州、武汉、长沙、南昌、合肥等内陆开放型经济高地。加快推动长江中上游地区和俄罗斯伏尔加河沿岸联邦区的合作。建立中欧通道铁路运输、口岸通关协调机制，打造"中欧班列"品牌，建设沟通境内外、连接东中西的运输通道。支持郑州、西安等内陆城市建设航空港、国际陆港，加强内陆口岸与沿海、沿边口岸通关合作，开展跨境贸易电子商务服务试点。优化海关特殊监管区域布局，创新加工贸易模式，深化与沿线国家的产业合作。

思考题

1. "一带一路"战略坚持的原则是什么？

2. "一带一路"战略的框架思路是什么？

第六章 "一带一路"有关国内法律制度

本 章 要 点

　　建设"一带一路"是一项造福沿线各国人民的宏伟工程，它需要利用法律来予以引领和保障。法律是"一带一路"建设顺利进行的引领力量，是防止和减少"一带一路"建设干扰的重要手段，是"一带一路"建设的争端得以公正解决的基础。规范"一带一路"建设的法律制度，既应遵循强行法优先、利益平等原则，也需根据实际情况设置合理的规则予以解决。

第一节　公司法律制度

一、公司的概念和法律特征

公司是一种企业组织形态，是依照法定的条件与程序设立的、以营利为目的的商事组织。根据我国公司法的规定，公司包括有限责任公司和股份有限公司两种类型。

公司的法律特征包括：公司具有法人资格；公司是社团组织，具有社团性；公司以营利为目的，具有营利性。

二、公司法的概念

公司法是规定公司的设立、组织、运营、变更、解散、股东权利与义务和其他公司内部、外部关系的法律规范的总称。公司法制定于1993年12月，1999年12月进行了第一次修正，2004年8月进行了第二次修正，2005年10月进行了第三次修订，2013年12月28日第四次修正。

三、有限责任公司的设立和组织机构

（一）有限责任公司的设立

设立有限责任公司要具备以下五个条件：股东符合法定人数；有符合公司章程规定的全体股东认缴的出资额；股东共同制定公司章程；有公司名称，建立符合有限责任公司要求的组织机构；有公司住所。

（二）有限责任公司的组织机构

1.股东会

股东会由全体股东组成，是公司的最高权力机构。股东是公司的出资人。在我国，除国家特别规定外，有权代表国家投资的政府部门或机构、企业法人、具有法人资格的事业单位和社会团体、自然人均可以依照规定成为有限责任公司的股东。

2.董事会

有限责任公司的董事会是公司股东会的执行机构。董事会由三人至十三人组成。两个以上的国有企业或者两个以上的国有投资主体投资设立的有限责任公司，其董事会成员中应当有公司职工代表；其他有限责任公司董事会成员中可以有公司职工代表。董事会中的职工代表由公司职工通过职工代表大会、职工大会或者其他形式民主选举产生。董事会设董事长一人，可以设副董事长。股东人数较少和规模较小的有限责任公司，可以设一名执行董事，不设董事会。执行董事可以兼任公司经理。

3.监事会

有限责任公司设监事会，其成员不得少于三人。股东人数较少或者规模较小的有限责任公司，可以设一至二名监事，不设监事会。

监事会应当包括股东代表和适当比例的公司职工代表，其中职工代表的比例不得低于三分之一，具体比例由公司章程规定。监事会设主席一人，由全体监事过半数选举产生。监事会主席召集和主持监事会会议；监事会主席不能履行职务或者不履行职务的，由半数以上监事共同推举一名监事召集和主持监事会会议。董事、高级管理人员不得兼任监事。

（三）一人有限责任公司的特别规定

我国公司法规定，一人有限责任公司，是指只有一个自然人股东或者一个法人股东的有限责任公司。一个自然人只能投资设立一个一人有限责任公司，该一人有限责任公司不能投资设立新的一人有限责任公司。

一人有限责任公司应当在公司登记中注明自然人独资或者法人独资，并在公司营业执照中载明。一人有限责任公司章程由股东制定，但公司不设股东会。

（四）国有独资公司的特别规定

我国公司法所称国有独资公司，是指国家单独出资、由国务院或者地方人民政府授权本级人民政府国有资产监督管理机构履行出资人职责的有限责任公司。国有独资公司章程由国有资产监督管理机构制定，或者由董事会制订报国有资产监督管理机构批准。

国有独资公司不设股东会，由国有资产监督管理机构行使股东会职权。

国有独资公司设董事会，董事每届任期不得超过三年。董事会成员中应当有公司职工代表。董事会成员由国有资产监督管理机构委派；但是，董事会成员中的职工代表由公司职工代表大会选举产生。董事会设董事长一人，可以设副董事长。董事长、副董事长由国有资产监督管理机构从董事会成员中指定。

国有独资公司设经理，由董事会聘任或者解聘。经国有资产监督管理机构同意，董事会成员可以兼任经理。国有独资公司的董事长、副董事长、董事、高级管理人员，未经国有资产监督管理机构同意，不得在其他有限责任公司、股份有限公司或者其他经济组织兼职。国有独资公司监事会成员不得少于五人，其中职工代表的比例不得低于三分之一，具体比例由公司章程规定。监事会成员由国有资产监督管理机构委派；但是，监事会成员中的职工代表由公司职工代表大会选举产生。监事会主席由国有资产监督管理机构从监事会成员中指定。

四、有限责任公司的股权转让

有限责任公司的股东之间可以相互转让其全部或者部分股权。股东向股东以外的人转让股权，应当经其他股东过半数同意。股东应就其股权转让事项书面通知其他股东征求同意，其他股东自接到书面通知之日起满三十日未答复的，视为同意转让。其他股东半数以上不同意转让的，不同意的股东应当购买该转让的股权；不购买的，视为同意转让。经股东同意转让的股权，在同等条件下，其他股东有优先购买权。两个以上股东主张行使优先购买权的，协商确定各自的购买比例；协商不成的，按照转让时各自的出资比例行使优先购买权。公司章程对股权转让另有规定的，从其规定。

五、股份有限公司的设立和组织机构

（一）股份有限公司的设立

1. 股份有限公司的设立

股份有限公司的设立方式有两种：发起设立是由公司发起人认购公司应发行的全部股份而设立公司；募集设立是由发起人认购公司应发行股份的一部分，其余部分向社会公开募集或者向特定对象募集而设立公司。

2. 股份有限公司的发起人

根据我国公司法规定，设立股份有限公司，应当有二人以上二百人以下为发起人，其中须有半数以上的发起人在中国境内有住所。股份有限公司发起人承担公司筹办事务。发起人应当签订发起人协议，明确各自在公司设立过程中的权利和义务。

3. 资本要求

我国公司法明确规定，股份有限公司采取发起设立方式设立的，注册资本为在公司登记机关登记的全体发起人认购的股本总额。在发起人认购的股份缴足前，不得向他人募集股份。股份有限公司采取募集方式设立的，注册资本为在公司登记机关登记的实收股本总额。法律、行政法规以及国务院决定对股份有限公司注册资本

实缴、注册资本最低限额另有规定的，从其规定。以发起设立方式设立股份有限公司的，发起人应当书面认足公司章程规定其认购的股份，并按照公司章程规定缴纳出资。以非货币财产出资的，应当依法办理其财产权的转移手续。发起人不依照前款规定缴纳出资的，应当按照发起人协议承担违约责任。以募集设立方式设立股份有限公司的，发起人认购的股份不得少于公司股份总数的百分之三十五；但是，法律、行政法规另有规定的，从其规定。

（二）股份有限公司的组织机构

股份有限公司的组织机构由股东大会、董事会、经理和监事会组成。

股份有限公司股东大会由全体股东组成。股东大会是公司的权力机构。股份有限公司股东大会的形式分为年会和临时会两种。年会每年按时召开一次。临时会是指年会以外遇到特殊情况依法召开的大会。我国公司法规定了召开临时会的几种情况：董事人数不足公司法规定的人数或者公司章程所定人数的三分之二人时；公司未弥补的亏损达实收股本总额的三分之一时；单独或合计持有公司百分之十以上股份的股东请求时；董事会认为必要时；监事会提议召开时；公司章程规定的其他情形。

股份有限公司设董事会，其成员为五至十九人。董事会成员中可以有公司职工代表。董事会中的职工代表由公司职工通过职工代表大会、职工大会或者其他形式民主选举产生。董事会设董事长一人，可以设副董事长。董事长和副董事长由董事会以全体董事的过半数选举产生。股份有限公司设经理，由董事会决定聘任或者解聘。公司董事会可以决定由董事会成员兼任经理。

股份有限公司设监事会，其成员不得少于三人。监事会应当包括股东代表和适当比例的公司职工代表，其中职工代表的比例不得低于三分之一，具体比例由公司章程规定。监事会中的职工代表由公司职工通过职工代表大会、职工大会或者其他形式民主选举产生。监事会设主席一人，可以设副主席。监事会主席和副主席由全体监事过半数选举产生。董事、高级管理人员不得兼任监事。

六、股份有限公司的股份发行和转让

（一）股份有限公司的股份发行

1. 股份发行的形式与原则

股份有限公司的股份采取股票的形式。股票是公司签发的证明股东所持股份的凭证。股份的发行，实行公平、公正的原则，同种类的每一股份应当具有同等权利。同次发行的同种类股票，每股的发行条件和价格应当相同；任何单位或者个人所认购的股份，每股应当支付相同价额。

2. 股票的发行价格

我国公司法规定，股票发行价格可以按票面金额，也可以超过票面金额，但不得低于票面金额。

（二）股份的转让

股份转让实行依法转让的原则。每个股东都有权依公司法的规定，转让自己的股份。股东转让其股份，应当在依法设立的证券交易场所进行或者按照国务院规定的其他方式进行。但是，为了保护公司、股东及债权人的利益，我国公司法对股份转让作了以下必要的限制：

第一，发起人持有的本公司股份，自公司成立起一年内不得转让。

第二，公司董事、监事、高级管理人员应当向公司申报所持有的本公司的股份及其变动情况，在任职期间每年转让的股份不得超过其所持有本公司股份总数的百分之二十五；所持本公司股份自公司股票上市交易之日起一年内不得转让。上述人员离职后半年内，不得转让其所持有的本公司股份。

第三，公司不得收购本公司的股份。

🔍以案释法 ⑩

有限责任公司股东不得以劳务出资

【案情介绍】闫某是一家有限责任公司的老员工，公司开始设立时闫某就在公司上班。最近，公司上层开会决定给老员工分配股份。虽然分配的股权不是很多，但也是对工作多年的老员工的一种鼓励。公司约定闫某等不用支付股权的对价，只是用劳务出资。那么，有限责任公司的股东能否以劳务出资？

【以案释法】根据公司法第二十七条的规定，股东可以用货币出资，也可以用实物、知识产权、土地使用权等可以用货币估价并可以依法转让的非货币财产作价出资；但是，法律、行政法规规定不得作为出资的财产除外。对作为出资的非货币财产应当评估作价，核实财产，不得高估或者低估作价。法律、行政法规对评估作价有规定的，从其规定。所以，有限责任司的股东是不能以劳务出资的。

第二节　合同法律制度

一、合同的概念、特征

（一）合同的概念

合同是指平等主体的自然人、法人、其他组织之间设立、变更、终止民事权利义务关系的协议。其中法人是指依法成立，能够独立享有民事权利和承担民事义务的组织，包括机关、团体、企事业单位、公司等。其他组织是指不具备法人资格的合伙组织以及分支机构等。民事权利义务关系是指财产关系。

（二）合同的特征

合同的特征如下：

第一，合同是一种民事法律行为。

第二，合同是两人以上平等主体之间签订的协议。

第三，合同以设立、变更或终止民事权利义务关系为目的。民事主体订立合同，是为了追求预期的目的，即在当事人之间引起民事权利和民事义务关系的产生、变更或消灭。

第四，合同是当事人意思表示一致的协议。

二、合同的订立

（一）合同订立的形式

合同的订立，是指两个或两个以上的当事人，依法就合同的主要条款经过协商一致，达成协议的法律行为。合同当事人可以是自然人，也可以是法人或者其他组织，但都应当具有与订立合同相应的民事权利能力和民事行为能力。当事人也可以依法委托代理人订立合同。

我国合同法规定，当事人订立合同，有书面形式、口头形式和其他形式。法律、行政法规规定采用书面形式的，应当采用书面形式。当事人约定采用书面形式的，应当采用书面形式。

1. 书面形式

书面形式是指合同书、信件和数据电文（包括电报、电传、传真、电子数据交换和电子邮件）等可以有形地表现所载内容的形式。书面形式明确肯定，有据可查，对于防止争议和解决纠纷有积极意义。实践中，书面形式是当事人最为普遍采用的一种合同约定形式。

2. 口头形式

口头形式是指当事人双方就合同内容面对面或以通讯设备交谈达成协议。口头形式直接、简便、迅速，但发生纠纷时难以取证，不易分清责任。所以对于不能及时清结的和较重要的合同，不宜采用口头形式。

3. 其他形式

除了书面形式和口头形式，合同还可以其他形式成立。法律没有列举具体的"其他形式"，但可以根据当事人的行为或者特定情形推定合同成立。这种形式的合同可以称为默示合同，指当事人未用语言明确表示成立，也未用书面形式签订，而是根据当事人的行为或在特定的情形下推定成立的合同。

（二）合同的主要条款

合同的条款是合同中经双方当事人协商一致，规定双方当事人权利义务的具体条文。合同当事人的权利义务，除法律规定的以外，主要由合同的条款确定。合同的条款是否齐备、准确，决定了合同能否成立、生效以及能否顺利地履行、实现。由于合同的类型和性质不同，合同的主要条款可能有所不同。根据合同法的规定，合同的内容由当事人约定，一般应当包括以下条款：当事人的名称或者姓名和住所；标的；数量；质量；价款或者报酬；履行期限、地点和方式；违约责任；解决争议的方法。

（三）合同订立的程序

根据合同法的规定，当事人采取要约、承诺方式订立合同。

1. 要约

要约是希望和他人订立合同的意思表示。一方当事人向对方提出合同条件作出签订合同的意思表示，称为"要约"。发出要约的当事人称为要约人，要约所指向的对方当事人则称为受要约人。要约在不同情况下还可以称之为发盘、出盘、发价、出价或报价等。

要约邀请是希望他人向自己发出要约的意思表示。要约邀请与要约不同，要约是一个一经受要约人承诺就成立合同的意思表示；而要约邀请的目的则是邀请他人向自己发出要约，自己如果承诺才成立合同。要约邀请处于合同的准备阶段，没有法律约束力。实践中要约与要约邀请往往很难区别。合同法规定，寄送的价目表、拍卖公告、招标公告、招股说明书、商业广告等都属于要约邀请，商业广告的内容符合要约规定的，视为要约。

2. 承诺

承诺是受要约人同意要约的意思表示。承诺应当具备以下条件：第一，承诺必须由受要约人作出，代理人作出承诺的须有合法的委托手续；第二，承诺必须向要约人作出；第三，承诺的内容必须与要约的内容一致；第四，承诺必须在有效期限内作出。承诺应当在要约约定的期限内到达要约人。所谓到达，指承诺的通知到达要约人支配的范围内，如要约人的信箱、营业场所等。至于要约人是否实际阅读和了解承诺通知则不影响承诺的效力。承诺通知一旦到达要约人，合同即宣告成立。

🔍 以案释法 ⑪

承诺须与要约一致并在有效期内作出

【案情介绍】2004年5月10日，某机床厂向某贸易公司发出要约："出售Ａ型机床5台，单价45万，同意请于5月底前回复"。贸易公司5月20日回复："电悉，型号、数量合适，价格40万即可接受。"半月后，机床价格暴涨，贸易公司又于6月15日去电："接受你5月10日电，可即时发货。"机床厂对此电文不予理会，却将5台机床以单价50万卖给了另一家公司。贸易公司遂将机床厂诉至法院，要求其承担违约责任。法院审理后，认为合同尚不成立，驳回了贸易公司的请求。

【以案释法】本案中，机床厂向贸易公司发出要约后，贸易公司的两次回复都不构成承诺。第一次回复的价格与要约不同，是对要约的实质性变更；第二次回复超出了有效期，要约已经失效。两次回复的实质都是向机床厂发出新的要约，只有机床厂承诺，合同才能成立。

三、合同的效力

合同的效力即合同的法律效力，是指已经成立的合同在当事人之间产生的法律约束力。有效合同对当事人具有法律约束力，国家法律予以保护，无效合同不具有法律约束力。合同法就合同的效力问题规定了有效合同、无效合同、可撤销合同、效力待定合同四种情况。

（一）合同的生效

合同的生效，是指已经成立的合同开始发生以国家强制力保障的法律约束力，即合同发生法律效力。合同的效力主要体现在对当事人的约束力上。合同对当事人的约束力具体体现为权利和义务两方面。从权利方面来说，合同当事人依据法律和合同的规定所产生的权利依法受到法律保护。从义务方面来说，合同对当事人的约束力表现在两个方面：一方面，当事人根据合同所产生的义务具有法律的强制性；另一方面，如果当事人违反合同义务则应当承担违约责任。也就是说，如果当事人不履行其应负的义务，可以借助国家的强制力强制义务人履行义务。合同法第六十条规定："当事人应当按照约定全面履行自己的义务。"

（二）无效合同

无效合同，是相对于有效合同而言的，它是指合同虽然已经成立，但因其在内容和形式上违反了法律、行政法规的强制性规定和社会公共利益，应确认为无效。根据合同法的规定，有下列情形之一的合同无效：一方以欺诈、胁迫的手段订立合同，损害国家利益；恶意串通，损害国家、集体或者第三人利益；以合法形式掩盖非法目的；损害社会公共利益；违反法律、行政法规的强制性规定。

（三）可撤销合同

可撤销合同，是指当事人在订立合同时，因意思表示不真实，法律允许撤销权人通过行使撤销权而使已经生效的合同归于无效。例如，因重大误解而订立的合同，误解的一方有权请求法院撤销该合同。合同法规定了合同可撤销的情形：因重大误解订立的合同；在订立时显失公平的合同。一方以欺诈、胁迫的手段或者乘人之危，使对方在违背真实意思的情况下订立的合同，受损害方有权请求人民法院或者仲裁机构变更或撤销。

（四）效力待定合同

效力待定的合同是指合同虽然已经成立，但因其不完全符合有关生效要件的规定，因此其效力能否发生，尚未确定，一般须经有权人表示承认才能生效。效力待定的合同主要包括以下几种类型：

第一，限制民事行为能力人订立的合同，经法定代理人追认后，该合同有效，但纯获利益的合同或者与其年龄、智力、精神健康状况相适应而订立的合同，不必经法定代理人追认。相对人可以催告法定代理人在一个月内予以追认。法定代理人未作表示的，视为拒绝追认。合同被追认之前，善意相对人有撤销的权利。撤销应当以通知的方式作出。

第二，行为人没有代理权、超越代理权或者代理权终止后以被代理人名义订立的合同，未经被代理人追认，对被代理人不发生效力，由行为人承担责任。相对人可以催告被代理人在一个月内予以追认。被代理人未作表示的，视为拒绝追认。合同被追认之前，善意相对人有撤销的权利。撤销应当以通知的方式作出。

第三，无处分权的人处分他人财产，经权利人追认或者无处分权的人订立合同后取得处分权的，该合同有效。

四、合同的履行

合同的履行是指合同生效后，双方当事人按照合同规定的各项条款，完成各自承担的义务和实现各自享受的权利，使双方当事人的合同目的得以实现的行为。

（一）合同内容约定不明确时的履行规则

合同生效后，当事人就质量、价款或者报酬、履行地点等内容没有约定或者约定不明确的，可以协议补充；不能达成补充协议的，按照合同有关条款或者交易习惯确定。仍不能确定的，适用下列规定：

第一，质量要求不明确的，按照国家标准、行业标准履行；没有国家标准、行业标准的，按照通常标准或者符合合同目的的特定标准履行。

第二，价款或者报酬不明确的，按照订立合同时履行地的市场价格履行；依法应当执行政府定价或者政府指导价的，按照规定履行。

第三，履行地点不明确，给付货币的，在接受货币一方所在地履行；交付不动产的，在不动产所在地履行；其他标的，在履行义务一方所在地履行。

第四，履行期限不明确的，债务人可以随时履行，债权人也可以随时要求履行，但应当给对方必要的准备时间。

第五，履行方式不明确的，按照有利于实现合同目的的方式履行。

第六，履行费用的负担不明确的，由履行义务一方负担。

（二）双务合同中的抗辩权

双务合同履行中的抗辩权，是指在符合法定条件时，当事人一方对抗对方当事人的履行请求权，暂时拒绝履行其债务的权利，它包括同时履行抗辩权、先履行抗辩权和不安抗辩权。

同时履行抗辩权，是指双务合同的当事人没有先后履行顺序的，一方在对方未为对待给付以前，可拒绝履行自己的债务的权利。

先履行抗辩权，是指当事人互负债务，有先后履行顺序的，先履行一方未履行之前，后履行一方有权拒绝其履行请求；先履行一方履行债务不符合债的本旨，后履行一方有权拒绝其相应的履行请求。

不安抗辩权，是指先给付义务人在有证据证明后给付义务人的经营状况严重恶化，或者转移财产、抽逃资金以逃避债务，或者丧失商业信誉，以及其他丧失或者可能丧失履行债务能力的情况时，可中止自己的履行。后给付义务人接到中止履行通知后，在合理的期限内提供了适当担保的，先给付义务人应当履行其债务；后给付义务人在合理的期限内未恢复履行能力并且未提供适当担保的，先给付义务人可以解除合同。

（三）合同的保全

合同的保全，是指法律为防止因债务人的财产不当减少或不增加而给债权人的债权带来损害，允许债权人行使撤销权或代位权，以保护其债权。合同的保全措施包括代位权和撤销权两种。

1.代位权

债权人的代位权，是指因债务人怠于行使其到期债权，对债权人造成损害的，债权人可以向人民法院请求以自己的名义代位行使债务人的债权。

2.撤销权

债权人的撤销权，是指因债务人放弃其到期债权或者无偿转让财产，对债权人造成损害的，债权人可以请求人民法院撤销债务人的行为。

五、合同的变更和转让

（一）合同的变更

合同的变更是指合同成立后，当事人双方根据客观情况的变化，依照法律规定的条件和程序，对原合同进行修改或者补充。合同的变更是在合同的主体不改变的前提下对合同内容或标的的变更，合同性质和标的性质并不改变。当事人在变更合同时，也应本着协商的原则进行。当事人可以依据有关法律规定，就变更合同事项达成协议。合同变更后，当事人应当按照变更后的内容履行合同。为了减少在合同变更时可能发生的纠纷，当事人对合同变更的内容约定不明确的，推定为未变更。

（二）合同的转让

合同的转让，是指合同当事人一方将其合同的权利和义务全部或部分转让给第三人。合同的转让有三种情况：合同权利转让、合同义务转移、合同权利和义务一并转让。

1.合同权利转让

合同权利转让是指不改变合同权利的内容，由债权人将合同权利的全部或者部分转让给第三人。

2.合同义务转移

合同义务转移是指经债权人同意，债务人将合同的义务全部或者部分转移给第三人。

3.合同权利义务的一并转让

合同权利义务的一并转让是指当事人一方经对方同意，将自己在合同中的权利和义务一并转让给第三人。

六、合同权利义务的终止

合同权利义务的终止，简称为合同的终止，又称合同的消灭，是指合同关系在客观上不复存在，合同权利和合同义务归于消灭。

合同法第九十一条规定，有下列情形之一的，合同的权利义务终止：债务已经按照约定履行；合同解除；债务相互抵销；债务人依法将标的物提存；债权人免除债务；债权债务同归于一人；法律规定或者当事人约定终止的其他情形。

七、违约责任

违约责任，也称为违反合同的民事责任，是指合同当事人因不履行合同义务或者履行合同义务不符合约定，而向对方承担的民事责任。

（一）承担违约责任的形式

违约的当事人承担违约责任的主要形式有继续履行、采取补救措施、赔偿损失、支付违约金或定金等。具体适用哪种违约责任，由当事人根据自己的要求加以选择。

继续履行合同，是指合同当事人一方不履行合同义务或履行合同义务不符合约定时，经另一方当事人的请求，法律强制其按照合同的约定继续履行合同义务。

采取补救措施，是指矫正合同不适当履行，使履行缺陷得以消除的具体措施。受损害方可以根据标的的性质以及损失的大小，合理选择要求对方采取修理、更换、重作、退货、减少价款或者报酬等补救措施。

赔偿损失，当事人一方不履行合同义务或者履行合同义务不符合约定的，在履行义务或者采取补救措施后，对方还有其他损失的，应当赔偿损失。

支付违约金，为了保证合同的履行，保护自己的利益不受损失，合同当事人可以约定一方违约时应当根据情况向对方支付一定数额的违约金，也可以约定因违约产生的损失赔偿额的计算方法。当事人可以依照担保法约定一方向对方给付定金作为债权的担保。债务人履行债务后，定金应当抵作价款或者收回。给付定金的一方不履行约定的债务的，无权要求返还定金；收受定金的一方不履行约定的债务的，应当双倍返还定金。

（二）违约责任的免除

一般来说，在合同订立之后，如果一方当事人没有履行合同或者履行合同不符合约定，不论是自己的原因，还是第三人的原因，均应当向对方承担违约责任。但是，当事人一方违约是由于某些无法防止的客观原因，则可以根据情况免除违约责任。

合同法规定，因不可抗力不能履行合同的，根据不可抗力的影响，部分或者全部免除责任；当事人迟延履行后发生不可抗力的，不能免除责任。不可抗力造成违约的，违约方虽然没有过错，但法律规定要承担违约责任的，违约方需要承担无过错的违约责任。当事人一方因不可抗力不能履行合同的，应当及时通知对方，以减轻可能给对方造成的损失，并应当在合理期限内提供证明。

八、合同法规定的合同种类

合同法规定了十五种典型的合同，包括：买卖合同，供用电、水、汽、热力合同，赠与合同，借款合同，租赁合同，融资租赁合同，承揽合同，建设工程合同，运输合同，技术合同，保管合同，仓储合同，委托合同，行纪合同，居间合同。

第三节　税收法律制度

税法就是国家权力机关及其授权的行政机关制定的调整税收关系的法律规范的总称。税法的调整对象是税收关系，是指税法主体在各种税收活动过程中形成的社会关系的总和。

按课税对象进行分类，我国税收可以划分为流转税、所得税、财产税、行为税和资源税。

一、流转税

我国目前开征的流转税包括增值税、消费税、营业税和关税等。

（一）增值税

增值税是指以商品生产与流通过程中的增值额为计税依据而征收的一种税。增值税的纳税人是在中华人民共和国境内销售货物或者提供加工、修理修配劳务以及进口货物的单位和个人。

（二）消费税

消费税是以特定的消费品或消费行为的流转额为计税依据的一种税。其征税范围具有选择性，实行差别税率。主要目的是调节产品结构，引导消费方向，取得一定的财政收入。我国现行消费税是1994年开征的一个税种，目前的征税依据是2008年修订的《中华人民共和国消费税暂行条例》。

（三）营业税

营业税是指以商品或者劳务的营业额为计税依据的一种税。在中华人民共和国境内提供应税劳务、转让无形资产或者销售不动产的单位和个人，为营业税的纳税义务人。

营业税的征税范围是在中华人民共和国境内提供的应税劳务、转让无形资产或销售不动产。营业税的税率为比例税率。

（四）关税

关税是指对进出境的货物或物品由海关负责征收的一种流转税。狭义的关税仅指在海关法中规定的对进出境货品征收的税，不包括由海关代征的进口环节国内税，如我国海关代征的进口环节增值税、消费税等。

关税的纳税人，是指根据关税法的规定，负有缴纳关税义务的单位和个人。进出口关税条例规定，进口货物的收货人、出口货物的发货人、进境物品的所有人是关税的纳税义务人。接受委托办理有关进出口货物手续的代理人负有代纳关税的义务。

二、所得税

所得税亦称收益税，是指以各种所得额为课税对象的一类税。所得税也是我国税制结构中的主体税类，目前包括企业所得税、个人所得税等税种。

（一）企业所得税

企业所得税是针对内资企业的生产经营所得和其他所得征收的一种税。

企业所得税流转税种不考虑盈亏状况，以企业经营有成果为征税的前提条件。企业所得税以纳税人每一纳税年度的收入总额减除不征税收入、免税收入、各项扣除以及允许弥补的以前年度亏损的余额，为应纳税所得额。企业所得税采用比例税率，税率为25%。

企业所得税的纳税人为在中华人民共和国境内的企业和其他取得收入的组织。

（二）个人所得税

个人所得税是国家对本国公民、居住在本国境内的个人的所得和境外个人来源于本国的所得征收的一种所得税。

个人所得税的纳税人分为居民和非居民。居民是指在中国境内有住所，或者无住所而在境内居住满一年的个人，居民纳税人应就其来源于境内、境外的全部所得纳税；非居民是指居民以外的人，非居民仅就来源于中国境内的所得纳税。

我国个人所得税法采用分类所得税制，明确列举了十一项应纳税个人所得：工资、薪金所得；个体工商户的生产、经营所得；对企事业单位的承包经营、承租经营所得；劳务报酬所得；稿酬所得；特许权使用费所得；利息、股息、红利所得；财产租赁所得；财产转让所得；偶然所得；经国务院财政部门确定征税的其他所得。

三、财产税

财产税是以纳税人所拥有或支配的某些财产为征税对象的一类税。党的十一届三中全会以后，随着改革开放的不断深入，我国经济形势发生了巨大变化，社会财富的分配形成了新的格局：一是随着以公有制为主导、多种经济成分并存的多元化经济结构的确立，居民收入水平提高，非国有财产大量增加；二是伴随着"鼓励一部分人先富起来"政策的推行，居民之间收入水平差距拉大，个人之间财产的占有量较为悬殊。针对这种情况，国家先后恢复开征了房产税、契税、车船使用税等。

四、行为税

行为税亦称特定目的税，是指政府为实现一定目的，对某些特定行为所征收的税。新中国成立后，我国就开征了印花税、屠宰税、特种消费行为税、车船使用牌照税四种行为税。1958年税制改革时，印花税被并入工商统一税之中。1973年税制改革后，行为税体系中只剩下屠宰税和车船使用牌照税。党的十一届三中全会后，随着税制的调整和改革，行为税的税种不断增加。到1993年底，我国共开征了屠宰税、燃油特别税、固定资产投资方向调节税、车船使用税、印花税等十三种行为税。1994年我国根据社会主义市场经济的客观要求，针对原有税制存在的问题，对税制进行了重大改革，行为税也因此得到了调整。

五、资源税

资源税是以各种应税自然资源为课税对象，为了调节资源级差收入并体现国有资源有偿使用而征收的一种税。

资源税的纳税人为在中华人民共和国领域及管辖海域开采或者生产应税产品的单位和个人。

资源税的应纳税额，按照从价定率或者从量定额的办法，分别以应税产品的销售额乘以纳税人具体适用的比例税率或者以应税产品的销售数量乘以纳税人具体适用的定额税率计算。

纳税人开采或者生产不同税目应税产品的，应当分别核算不同税目应税产品的销售额或者销售数量；未分别核算或者不能准确提供不同税目应税产品的销售额或者销售数量的，从高适用税率。

酒店偷税案

【案情介绍】某酒店已办理了营业执照和税务登记，由某市某区地税局管征，税款征收方式为查账征收。2010年4月5日，区地税局在日常检查时发现，该酒店2009年2月份的纳税申报表申报的应纳营业税比会计账簿上计提的营业税额少9000元，经检查人员核实，系因近期该公司资金紧张，少申报了营业税。该酒店少申报营业税的行为是否属于偷税行为？

【以案释法】纳税人必须依照法律、行政法规的规定如实办理纳税申报，报送纳税申请表、财务会计报表以及税务机关根据实际需要要求纳税人报送的其他纳税资料。该酒店虽然在会计账簿上已计提税款，但因资金紧缺而未如实申报，具有主观故意，是虚假申报，属偷税行为。

第四节　对外贸易法律制度

一、对外贸易法律制度的概念

（一）对外贸易法律制度的概念

对外贸易法律制度，是指一国对其外贸活动进行行政管理和服务的所有法律规范的总称。

一国的对外贸易法律制度是其为保护和促进国内产业，增加出口，限制进口而采取的鼓励与限制措施；或为政治、外交或其他目的，对进出口采取鼓励或限制的措施。它是一国对外贸易总政策的集中体现。

政府管理及服务对外贸易的法律制度分为两种：一种是对进口贸易的管理和服务；一种是对出口贸易的管理和服务。这些法律都属强制性法律规范，非经法定程序不得随意加以改变。

对外贸易法律制度的范围包括：关税制度，许可证制度，配额制度，外汇管理制度，商检制度以及有关保护竞争、限制垄断和不公平贸易等方面内容的制度。

对外贸易法律制度的宗旨是发展对外贸易和投资，维护对外贸易秩序，保护国内产业安全，促进一国经济稳定发展，改善人民的生活水平。

（二）对外贸易法律制度的基本特点

对外贸易法律制度，与其他部门法比较具有如下几个特点：

第一，它调整的是国家管理对外贸易这一纵向法律关系，属于公法范围。对外贸易法与涉外民商法调整的范围是不同的，后者调整的是平等的民商事主体之间的权利和义务关系，而前者调整的则是政府与企业之间纵向的对外贸易法律关系。

第二，现代对外贸易法律制度，已经突破了传统意义上的只调整货物进出口关系的范围。现代对外贸易法，其调整的对象既包括货物贸易，也包括服务贸易（如电信、金融、教育、旅游、法律服务等），还包括技术贸易。20世纪70年代以来，国际贸易已经呈现出货物贸易、技术贸易和服务贸易并驾齐驱的发展趋势。服务贸易和技术贸易正逐年赶超货物贸易，在整个对外贸易法律制度中占据重要地位。这也是当今世界各国对外贸易制度的新趋向和新特点。

第三，对外贸易法律制度一般具有广义与狭义之分。广义上的对外贸易法律制度不仅包括调整货物贸易、服务贸易和技术贸易的内容，还包括以外国直接投资为代表的各类生产要素跨国间流动方面的法律、法规和政策。狭义上的对外贸易法律制度主要限定在管理国际贸易（货物、服务及技术）的法律法规。

第四，当今大多数西方发达国家的对外贸易法律制度都含有管理外资的内容，而且是作为整个外贸法的重要组成部分；而广大的发展中国家，包括我国的外贸法在内，往往是把管理外资的法律制度与管理国际贸易的外贸法相分离的。

第五，西方国家的对外贸易法律制度的共同规则，在WTO的核心文件中得到较充分的体现，也就是说在各国的国内法中，对外贸易法律制度是与WTO及国际惯例靠得最近、受其影响最大的一个部门法，因此它必然带有深刻的国际法烙印。

二、对外贸易的基本规则

综观各国对外贸易法，尤其是西方贸易大国的对外贸易法，其核心问题主要集中在以下几个方面：对外贸易经营权、国营贸易、贸易救济措施、贸易壁垒调查、自由贸易区和透明度原则。

（一）对外贸易经营权

西方国家对外贸易法历来重视对外贸易经营主体问题，把它作为外贸制度的基础。美国外贸法专家认为，是否允许个人或所有企业从事外贸，这是一国对外贸易法的基石，犹如一国宪法是否保护人权一样重要。因为对外贸易主体问题直接关系到对外贸易的自由度问题，它几乎涉及所有的对外贸易制度，比如工商管理、海关、外汇及税收等一系列法律。也就是说，对外贸易经营权是整个外贸制度开放的晴雨表。西方各国的外贸法对此都作出了相当宽松的规定，美国、欧盟及日本等国家都规定了自然人、法人及合伙企业都能自由获得外贸经营权。我国在加入WTO时承诺三年内放开外贸经营权，即从2004年12月11日起应对这类企业（包括自然人）放开外贸经营权。因此，

我国对外贸易法应参照国际惯例，规定除在特定的贸易领域内从事国营贸易的专营权或特许权外，所有在中国依法注册登记的企业都可以享有外贸经营权。

（二）国营贸易

1.国营贸易是各国外贸法中普遍存在的特殊概念

外贸法上的国营贸易与我国计划经济时代的国营企业并非一个概念，和我国目前的国有外贸企业也不能等同，它具有特定的含义。根据世贸组织《1994年关贸总协定》的有关规定，所谓国营贸易企业是指在国际贸易中根据国内法律或在事实上享有专营权或特许权的企业或机构，其购买和销售活动影响了国家进出口水平和方向。因此，世贸组织中判断国营贸易企业的关键是看企业是否在国际贸易中享有专营权或特许权，这与企业的所有制形式并无必然联系。因而无论是国有企业还是私营企业，或者半官方的贸易机构，若它们在一个国家的国际贸易中享有专营权或特许权，则都应视为国营贸易企业。

2.国营贸易具有重要的地位和作用

国营贸易具有重要的地位，在一国外贸法中发挥着重要的作用。国营贸易通常存在于关系国计民生和国家安全的关键贸易领域。实行这种制度的好处是可以确保国家在一些关键领域享有直接的控制权，从而可以维护国家经济安全、保障人民群众生活，因此其在一国贸易中的意义不可低估，国营贸易因而成为国际上的一种通行做法，世贸组织各成员在不同领域中都实行着不同程度的国营贸易。目前，世界范围内国营贸易制度主要集中在农产品方面，兼有若干重要的矿产品。有些欧洲国家也在烟草和食盐方面维持着国营贸易制度。加拿大和澳大利亚两国各设有一个专营销售局，而这两个企业控制着1/3的世界小麦出口。新西兰一个牛奶专营国营企业就控制着约30%的世界牛奶出口。由此可见，国营贸易在世界贸易中扮演着非常重要的角色。

3.我国外贸法应妥善处理国营贸易问题

世贸组织对于国营贸易企业的管制对我国具有两方面的特殊意义：

首先，按照世贸规则，我国国营贸易企业的决策必须完全按照市场规则和商业考虑来运作，政府不能直接介入企业的商业运作中，这些企业也就成为了完全意义上的独立法人，这一点既符合世贸组织的规定，也是目前企业改革的目标之一。

其次，我国要按照世贸有关规则有针对性地加强在一些重点贸易领域中的国营贸易制度，使其成为保护国民经济命脉的重要保障。国营贸易的最大优势在于政府可以对其实施较为直接的控制，进而控制一些关系国计民生产品的进出口，这些领域和产品对国民经济、社会稳定、人民生活都有着十分巨大的影响。只有真正确保国家在这些关键领域中享有控制权，我国才能在复杂的国际竞争中充分利用世贸规则来维护国家的根本利益，保证国民经济的安全和人民生活的稳定。

国家在某些领域继续维持国营贸易具有十分重大的现实意义，这是世贸规则允许的例外，我们要充分利用这个例外并将其体现在我国的外贸法中。

（三）贸易救济措施

由于在国际贸易中存在不公平贸易行为或者严重损害进口国贸易利益行为，关贸总协定和世贸组织为了维护公平、公正的国际贸易秩序和保护进口国利益而专门提供了贸易救济措施。一般的贸易救济措施是指对进口成品的反倾销、反补贴和保障措施，在我国简称为"两反一保"。

1. 反倾销

在国际贸易中，倾销是指产品以低于正常价格的方式进口，并由此对国内已建立的相关产业造成实质性损害或者产生实质损害的威胁，或者对国内建立相关产业造成实质阻碍。在这种情况发生时，进口国可以采取必要措施来消除或者减轻这种损害或者损害的威胁，我们称之为反倾销措施。可以采取的反倾销救济措施是征收反倾销税或者出口商提供价格承诺。

尽管反倾销的理论基础早已为人诟病，但反倾销现在更多的是作为贸易保护主义的工具得到广泛使用。由于反倾销简便实用、效果明显，因此也是三种贸易救济措施中使用频率最高的。我国多年来一直是反倾销的第一受害国。据不完全统计，从1979年至今我国产品已经遭遇到了五百余起反倾销案，被调查的产品有四千多种。在这些反倾销调查案中，由于以往中国企业经常采取不应诉的做法，加上我国在这方面人才缺乏、企业不重视、政府组织不力等因素，中国企业能争取到较好裁决结果的仅占三成，绝大部分被课以高关税，损失比较严重。对我国使用反倾销措施的国家和地区主要是欧盟、美国、澳大利亚、印度及部分拉美国家。例如，墨西哥从1994年11月起对从中国进口的纺织品和服装征收反倾销税，税率最高可达533％。20世纪90年代初，欧盟对我国出口彩电征收的高达44.6％的反倾销税使我国产品几乎退出欧洲市场，而美国现在正在酝酿对我国彩电采取反倾销措施。在1994年，美国对中国大蒜裁定了高达376％的反倾销税，也迫使我国大蒜因此退出了美国市场。更为严重的是，反倾销案件往往产生连锁反应。1993年墨西哥对我国十大类四千多种商品进行反倾销后，巴西、阿根廷、秘鲁等国纷纷对我国这些出口产品进行反倾销调查。据估计，中国企业因此遭受的直接经济损失累计达到100亿美元以上，而丧失的市场份额和其他间接损失则难以计算，国外对我国产品频繁采取的反倾销措施已经成为中国企业在国际贸易中面临的一个巨大贸易障碍。

2. 反补贴

补贴是指出口国（地区）政府或者其任何公共机构向本国的生产者或者出口经营者提供的资金或财政优惠措施，包括现金补贴或其他政策优惠待遇，使其产品在国际市场上比未享受补贴的同类产品处于有利的竞争地位。当进口产品存在补贴，并对已经建立的国内产业造成实质损害或者产生实质损害威胁，或者对建立国内产业造成实质阻碍时，进口国可以采取的措施包括采取征收反补贴税、要求出口国政府停止补贴或要求出口商提供价格承诺。

3. 保障措施

保障措施是进口国对某些产品在公平竞争情况下因进口数量猛增而采取的紧急限制措施。当进口产品数量大量增加，并对生产同类产品或者直接竞争产品的国内产业造成严重损害或者严重损害威胁时，进口国可以采取保障措施来缓解这种严重损害或威胁。具体措施有提高关税、采取配额制等。保障措施是关贸总协定最重要的条款之一，该条款就像一个"安全阀"，使得缔约方在特殊情况下可以背离总协定的一般规则，即通过免除该缔约方所承诺的义务，达到保护其国内相关产业的目的。在这方面，最早采用保障措施来保护本国产业的美国，无论在立法还是在实际操作中对该救济措施都给予了极大的重视，常常利用保障措施来保护其一些处于衰退期的产业。仅在1995年到2000年期间，美国就发起了九起保障措施调查。而在2002年3月5日，美国总统宣布对十类进口钢铁产品实施保障措施，加征关税最高达30％，涉及欧盟、日本、韩国、中国、瑞士、挪威、新西兰、巴西等，最终成为一场涉及各大主要贸易国的贸易风波。

在加入世贸组织后，国务院修改并制定了反倾销条例、反补贴条例和保障措施条例，以便建立与世贸组织相配套的法律法规体系，并在实践中开始利用这些救济措施来保护国内产业。

为了保护我国产品免遭国外采取的救济措施打击，我国还参照各国的成功经验加强了对重点行业、重点产品的产业损害预警机制建设，先后启动了汽车、钢铁、化肥等易受冲击行业的产业损害预警机制，防患于未然。

（四）贸易壁垒调查

世贸组织的宗旨是扩大自由贸易，其重点已经从关税壁垒转移到了各种各样的非关税贸易壁垒。所谓贸易壁垒，是泛指一国采取、实施或者支持的对国际贸易造成不合理障碍的立法、政策、行政决定、做法等各种措施。其范围极广，以对贸易造成扭曲效果为判断标准。

贸易壁垒的种类数量大，花样多，而且层出不穷。例如关税壁垒、关税税则分类、配额、进出口许可、政府采购、自愿出口限制、卫生与动植物检疫措施等，而"两反一保"的滥用也是一种变相的贸易壁垒。同时，技术性贸易壁垒和绿色贸易壁垒也在国际上愈演愈烈：前者是进口国以保护国家安全、生态环境、人类健康和安全、防止欺诈行为等为目的，通过繁杂和苛刻的技术法规、技术标准、合格评定程序来限制贸易，而后者是进口国政府以保护生态环境为口号，通过颁布复杂多样的环保法规、条例，建立严格的环境技术标准和产品包装要求以及设置繁琐的检验认证而树立的贸易障碍。例如，1997年欧美国家通过提高技术性条件要求实际上禁止了从我国进口禽肉，而2002年初欧盟又以我国产蜂蜜含有氯霉素等抗生素超标为由中止了从我国进口蜂蜜，我国的这些传统优势产品因此丧失了部分国际市场。目前，以美国为首的发达国家又要求将国际劳工标准和国际贸易挂钩，其主要目的是为了降低那些以劳动密集型产业为主的发展中国家的竞争力，由此形成了一个新的劳工贸易壁垒，遭到了发展中国家的强烈反对。

贸易壁垒的实质是限制进口，但它们具有技术性强、隐蔽性好、涉及面广、效果明显的特点，而且往往具有正当理由支持，因此管制的难度很大，但这些贸易壁垒严重阻碍了国际贸易的健康发展却是不争的事实。为了遏制这些贸易壁垒，世贸组织达成了一系列的协议，例如《技术性贸易壁垒协议》《动植物和卫生检疫措施协议》等，但其规制的范围和力度还远不足以形成国际法上全面、有效的管制。

为了对付各种形式的贸易壁垒，很多国家通过国内法予以规制，著名的美国301条款就是一例。根据美国《1988年综合贸易与竞争法》的规定，301条款分为三种：一般301条款、特殊301条款及超级301条款。根据一般301条款规定，如果美国贸易代表确信外国的某项立法、政策或做法违反了贸易协定或与贸易协定不一致，或者不公正，并给美国商业造成了负担或限制，那么美国贸易代表就应该采取行动，以实现美国依贸易协定所享有的权利，或者达到消除这一立法、政策或做法的目的。特殊301条款针对的则是重点监督国家的知识产权贸易。而超级301条款的关注重点则是贸易自由化，美国贸易代表应关注某些重点国家的主要贸易障碍和扭曲贸易的做法。根据301条款，美国贸易代表可以视情况对相对国采取强制性的报复措施，例如中止或撤回贸易减让、对该国的进口货物或服务给予进口限制，也可以通过谈判要求该国政府改正其做法或提供赔偿等。301条款是美国贸易单边主义的武器，其常常使用这个条款对其他国家的贸易措施进行调查，继而与其他国家进行谈判。如果谈判不成，就进行单边报复，以迫使他国让步。美国的主要贸易伙伴如欧盟和日本都频遭此条款的调查，深受其苦。

在借鉴国外经验的基础上，原外经贸部（即商务部）也于2002年颁发了《对外贸易壁垒调查暂行规则》，从而有了自己强有力的法律武器，但这一规则还只是部门规章，未来应该将其上升为法律。在对外贸易法的修改中，应对我国政府实施对外贸易进行调查的范围及其具体程序作出规定，以便有更强的法律基础来保证我国产品和企业免受外国的不公正待遇。

（五）自由贸易区

所谓自由贸易区，通常是指签订有自由贸易协议的国家所组成的经济贸易集团，在成员国之间废除关税和数量限制，使区域内各成员国之间的商品可以自由流动，但各成员国仍保持自己对非成员国的贸易壁垒。自由贸易区是国际经济一体化组织中最基本、最一般的形式，一般具有两个方面的特征，一是在成员国内部取消贸易障碍，实现自由贸易，但设有共同对外关税；二是采取原产地规则。

目前，建立自由贸易区已经成为世界经济发展的一个趋势，也是世界各国寻求发展本国经济、抵御经济衰退的一项重要举措。

鉴于自由贸易区具有的积极作用，关贸总协定对其作了特别规定，从而使自由贸易区成为最惠国待遇原则的例外，并明确允许各成员国或各成员在其领土之间建立自由贸易区。实践证明，自由贸易区对于多边贸易体系并未构成重大威胁；相反，由于它的目标是区域内的贸易自由化，可以率先在区域实现内部贸易自由化，因此在一定程度上与多边贸易体系具有互补性，也可以推动多边贸易的发展。事实证明，自由贸易区和多边贸易体系可以共存，很多世贸组织的成员同时也是各自由贸易区的成员。

目前，自由贸易区的发展形势非常迅猛，在世界范围内数量已经达到数十个，范围遍及各大洲，是区域经济一体化的主要形式。其中，北美自由贸易区和东盟自由贸易区最具典型意义，而北美自由贸易区也是世界上最大的自由贸易区。其他自由贸易区还有中欧自由贸易区、欧盟—拉美自由贸易区等。总体来看，世界各国都非常重视通过建立和发展自由贸易区来为自己的经济发展服务，目前除中国、日本、韩国以外，大多数贸易国均已参加自由贸易区，有的还是多个自由贸易区的成员。

（六）透明度原则

透明度原则是世界各国对外贸易法的重要内容之一，也是 WTO 的基本原则。

1.透明度原则的由来

透明度原则源于西方世界，它早期是伴随着西方市场经济的发展进程而逐渐成熟起来的。作为商人，面临市场的巨大挑战，就要设法克服市场因政策法律变动而带来的风险，商人们迫切要求市场具有相对的稳定性和可预见性，要求政府管理市场的法律、法规、规章、政策透明，以便公众能方便地获得政府管理和服务市场的信息。因此透明度原则早期又称为"阳光原则"或"知晓原则"。美国联邦政府经过1929年至1933年的经济萧条之后，颁布一系列以证券法和交易法为基础的法律法规，被称为"蓝天法"，即管理证券交易的法律必须像蓝天一样透明。

二战之后，透明度原则日趋明确，它作为调整战后贸易制度的基本规范被引入了关贸总协定。透明度原则的核心条款是关贸总协定的第十条。随着 WTO 影响的扩大，该原则得到了广泛的传播和应用。数十年以来，透明度原则已经成为各国外贸法的强制性规定而被列入其主要条款。

2.透明度原则的主要内容及其在国际贸易的重要影响

根据 WTO 各主要协议的规定，透明度主要内容包括：

一是公布和告知原则。该原则要求成员方管理机构必须将正式实施的与贸易有关的法律、法规、条例以及政策予以公布；必须将与另一成员方政府或政府机构签订的影响国际贸易政策的现行条约及政府协定予以公布；在实施具体贸易过程中的法令、条例以及一般援用的司法判例及行政决定都应迅速公布。

二是关于行政和司法过程中的透明度。要求各成员管理外贸过程及审理外贸案件的过程透明，并要求能对政府管理外贸过程中的决定进行独立的司法审查。

三是关于商业经济层面上的透明度。这个意义上的透明度是指商业、金融等经济活动信息的数量和质量以及从这些经济运行机构中获取的赖以交易的相关可靠信息的能力。管理机构应当在规定和强制执行信息传播机制上发挥重要作用，特别是在经济和金融信息的获得上。

程序规则以及商业金融信息的及时公布或公开，是 WTO 法律体系贯穿始终的基本要求，其适用范围已由货物贸易扩大到与贸易有关的投资措施、与贸易有关的知识产权保护以及服务贸易领域的法律规章、政策和其他行政措施和司法措施。当然，WTO 对透明度原则也有例外，如公开会妨碍公共利益、有损国家安全或损害企业的正常利益，则可以不公开。

透明度原则已经成为 WTO 基本原则中的基础原则，能否切实地履行透明度原则，不仅是衡量中国承诺履行 WTO 各项制度的法律基础，也是衡量中国遵守 WTO 各项法律义务的信用基础，更是我们运用 WTO 规则发展我国对外贸易事业的重要前提。

3.中国正积极地遵守透明度原则

中国依据 WTO 透明度原则的要求作出的郑重承诺将使中国的经济环境更具稳定性和可预见性。

中国政府在透明度原则问题上的承诺，关键的、或者说具有突破性的一点就是政府在管理外贸工作中取消内部文件（亦称红头文件），即凡是执行的，必须是公开的法律、法规、规章制度和政策。

中国对履行 WTO 透明度原则迅速而全面地作出了上述承诺，表明了中国政府对该原则的重视，也表现了中国全面履行 WTO 各项法律规定的决心和能力。

三、我国现行对外贸易法律制度

(一) 我国对外贸易法律制度的组成及其特点

我国的对外贸易法律制度是指国家对货物进出口、技术进出口和国际服务贸易进行管理和控制的一系列法律、法规和其他具有法律效力的规范性文件的总称。

1.宪法

宪法明确把我国实施改革开放基本国策写进了序言，同时还明确规定了国务院负责管理对外贸易的权力。

2.对外贸易法

1994年5月12日，我国对外贸易法由八届人大常委会七次会议正式通过，于同年7月1日正式实施。

对外贸易法是我国对外贸易法律制度的基本法，是整个外贸制度的核心，它规定了对外贸易的海关制度、关税壁垒、检验制度、"两反一保"制度、货物进出口制度等。

3.行政法规

我国外贸法制度中一个重要渊源，就是由国务院颁布的大量行政法规。其内容涉及工商、海关、商检、外汇、税收、原产地、运输等各方面。中国入世以后，根据WTO规则以及我国入世时的承诺，国务院在货物贸易、技术贸易及服务贸易三个领域都颁布了行之有效的行政法规。

在货物贸易和技术贸易领域，国务院先后颁布的主要行政法规有：货物进出口管理条例、技术进出口管理条例、反倾销条例、反补贴条例、保障措施条例。

在服务贸易领域，我国政府根据承诺颁布了一系列新的行政法规，主要有：外贸保险公司管理条例、外商投资电信企业管理规定、国际海运条例、外国律师事务所驻华代表机构管理条例、电影管理条例、音像制品管理条例。所有这些行政法规，基本上涉及服务贸易的各个主要领域，为逐步实施我国入世承诺创造了良好的法律环境。

4.部门规章

与外贸有关的各部委，尤其是主管外经贸的原外经贸部，在处理外贸具体工作时，往往根据具体问题颁布了专门的部门规章。这些规章的特点是：可操作性强；针对性明确；颁布和废除都较方便；与法律法规保持一致。原对外经贸部会同其他相关部委制订的对外经贸方面的部门规章，对维护我国外贸正常秩序，促进对外贸易的发展起到了直接的推动作用。

(二) 我国对外贸易法律制度的发展历程

我国对外贸易法律制度是从建国初开始逐步建立起来的，它的发展可以分成如下三个阶段：

1.从建国初期至1979年改革开放

在这一阶段，由于当时西方国家对中国采取封锁和禁运的歧视和敌对态度，致使我国对外经济交往范围十分有限。当时的对外贸易立法主要以《中国人民政治协商会议共同纲领》和1954年宪法为基础，制定了《对外贸易管理暂行条例》《进出口贸易许可证制度实施办法》等法规。这些法规仅仅是作为维持和管理当时微弱的进出口业务的基本法律依据。

2. 从1979年改革开放后至2001年中国加入 WTO

在这一阶段，我国的国民经济得到了巨大的增长，外贸事业更是得到了突飞猛进的发展。这个阶段是我国对外贸易法律制度逐步成型的阶段，我国的对外贸易法就是这一时期颁布并实施的。

3. 从2001年中国加入世贸组织至今

第三阶段就是从我国入世的2001年开始，中国加入 WTO 的重大意义不仅是使中国经济逐步融入全球经济，而且使我国的法制建设尤其是对外贸易法律制度得到了一次良性发展。根据我国政府入世承诺，我国对旧的对外贸易法律制度进行了全面的清理，使之能与 WTO 的基本原则保持一致，并在全国统一实施。

（三）我国对外贸易法律制度的巨大作用

改革开放以来，我国的外贸发展速度全球第一，已为世界公认。1978年我国进出口额仅为206亿美元，位居世界贸易排名第二十七位。而2002年我国的进出口额达到了6200多亿美元，在世界贸易大国中的位置已上升到第五位；服务贸易达到815亿美元，世界排名第十一位。中国的出口势头更是迅猛，在1978年至2002年间，其平均增长速度一直保持在15.7％左右。我国的外汇储备目前已超过日本，成为世界第一。我国出口产品结构也已从自然资源密集型产品转向了劳动密集型产品。

我们可以得出两个结论：首先，外贸外资的成就已是几十年来拉动我国国民经济迅速发展的一支重要生力军；其次，我国健全的对外贸易法律制度在发展我国的对外贸易中起了实质性的推动作用。我国的外贸外资工作是有法可依的，外贸法制环境是基本适应外贸工作要求的，对外贸易法律制度是经过了实践考验的，是成功的。我国的外贸法律制度经过将近一个世纪外贸实践的考验，从无到有，从简单到复杂，从零碎到系统，尤其是中国加入 WTO 以后，它已经成为 WTO 规则和中国入世承诺在中国得以实施的主要纽带。

思考题

1. 股份有限公司的设立条件是什么？
2. 合同订立的形式有哪些？
3. 对外贸易法律制度的基本特点是什么？

第七章 "一带一路"国家有关政策指导

本　章　要　点

在"一带一路"战略实施中，国家通过制定国民经济和社会发展五年规划，出台政策性指导意见相关的管理办法，对"一带一路"的战略实施和工作推进进行了具体部署。

第一节　十三五规划纲要对"一带一路"的相关部署

从2016年到2020年，是我国国民经济和社会发展迈入第十三个五年规划时期，也是全面建成小康社会的关键时期。

"十三五"就"一带一路"战略实施作出了系统部署。规划纲要提出，要秉持亲诚惠容，坚持共商共建共享原则，开展与有关国家和地区多领域互利共赢的务实合作，打造陆海内外联动、东西双向开放的全面开放新格局。

一、健全"一带一路"合作机制

围绕政策沟通、设施联通、贸易畅通、资金融通、民心相通，健全"一带一路"双边和多边合作机制。推动与沿线国家发展规划、技术标准体系对接，推进沿线国家间的运输便利化安排，开展沿线大通关合作。建立以企业为主体、以项目为基础、各类基金引导、企业和机构参与的多元化融资模式。加强同国际组织和金融组织机构合作，积极推进亚洲基础设施投资银行、金砖国家新开发银行建设，发挥丝路基金作用，吸引国际资金共建开放多元共赢的金融合作平台。充分发挥广大海外侨胞和归侨侨眷的桥梁纽带作用。

一带一路示意图
丝绸之路经济带
21世纪海上丝绸之路

二、畅通"一带一路"经济走廊

推动中蒙俄、中国—中亚—西亚、中国—中南半岛、新亚欧大陆桥、中巴、孟中印缅等国际经济合作走廊建设，推进与周边国家基础设施互联互通，共同构建连接亚洲各次区域以及亚欧非之间的基础设施网络。加强能源资源和产业链合作，提高就地加工转化率。支持中欧等国际集装箱运输和邮政班列发展。建设上合组织国际物流园和中哈物流合作基地。积极推进"21世纪海上丝绸之路"战略支点建设，参与沿线重要港口建设与经营，推动共建临港产业集聚区，畅通海上贸易通道。推进公铁水及航空多式联运，构建国际物流大通道，加强重要通道、口岸基础设施建设。建设新疆丝绸之路经济带核心区、福建"21世纪海上丝绸之路"核心区。打造具有国际航运影响力的海上丝绸之路指数。

三、共创开放包容的人文交流新局面

办好"一带一路"国际高峰论坛，发挥丝绸之路（敦煌）国际文化博览会等作用。广泛开展教育、科技、文化、体育、旅游、环保、卫生及中医药等领域合作。构建官民并举、多方参与的人文交流机制，互办文化年、艺术节、电影节、博览会等活动，鼓励丰富多样的民间文化交流，发挥妈祖文化等民间文化的积极作用。联合开发特色旅游产品，提高旅游便利化。加强卫生防疫领域交流合作，提高合作处理突发公共卫生事件能力。推动建立智库联盟。

第二节 国务院有关推进国际产能和装备制造合作的指导意见

当前，全球产业结构加速调整，基础设施建设方兴未艾，发展中国家大力推进工业化、城镇化进程，为推进国际产能和装备制造合作提供了重要机遇。为抓住有利时机，推进国际产能和装备制造合作，实现我国经济提质增效升级，国务院于2015年5月13日出台了《关于推进国际产能和装备制造合作的指导意见》，为实施"一带一路"战略，指导企业更好地走出去提供了鲜明的价值导向。

一、推进国际产能和装备制造合作的重要意义

（一）有利于保持我国经济中高速增长和迈向中高端水平

当前，我国经济发展进入新常态，对转变发展方式、调整经济结构提出了新要求。积极推进国际产能和装备制造合作，有利于促进优势产能对外合作，形成我国新的经济增长点，有利于促进企业不断提升技术、质量和服务水平，增强整体素质和核心竞争力，推动经济结构调整和产业转型升级，实现从产品输出向产业输出的提升。

（二）有利于推动新一轮高水平对外开放、增强国际竞争优势

当前，我国对外开放已经进入新阶段，加快铁路、电力等国际产能和装备制造

合作，有利于统筹国内国际两个大局，提升开放型经济发展水平，有利于实施"一带一路"、中非"三网一化"合作等重大战略。

（三）有利于开展国际间的互利合作

当前，全球基础设施建设掀起新热潮，发展中国家工业化、城镇化进程加快，积极开展境外基础设施建设和产能投资合作，有利于深化我国与有关国家的互利合作，促进当地经济和社会发展。

二、推进国际产能和装备制造合作的指导思想、总体思路、基本原则和主要目标

（一）指导思想和总体思路

全面贯彻落实党的十八大和十八届二中、三中、四中全会精神，按照党中央、国务院决策部署，适应经济全球化新形势，着眼全球经济发展新格局，把握国际经济合作新方向，将我国产业优势和资金优势与国外需求相结合，以企业为主体，以市场为导向，加强政府统筹协调，创新对外合作机制，加大政策支持力度，健全服务保障体系，大力推进国际产能和装备制造合作，有力促进国内经济发展、产业转型升级，拓展产业发展新空间，打造经济增长新动力，开创对外开放新局面。

（二）基本原则

1.坚持企业主导、政府推动

以企业为主体、市场为导向，按照国际惯例和商业原则开展国际产能和装备制造合作，企业自主决策、自负盈亏、自担风险。政府加强统筹协调，制定发展规划，改革管理方式，提高便利化水平，完善支持政策，营造良好环境，为企业"走出去"创造有利条件。

2.坚持突出重点、有序推进

国际产能和装备制造合作要选择制造能力强、技术水平高、国际竞争优势明显、国际市场有需求的领域为重点，近期以亚洲周边国家和非洲国家为主要方向，根据不同国家和行业的特点，有针对性地采用贸易、承包工程、投资等多种方式有序推进。

3.坚持注重实效、互利共赢

推动我装备、技术、标准和服务"走出去"，促进国内经济发展和产业转型升级。践行正确义利观，充分考虑所在国国情和实际需求，注重与当地政府和企业互利合作，创造良好的经济和社会效益，实现互利共赢、共同发展。

4.坚持积极稳妥、防控风险

根据国家经济外交整体战略，进一步强化我国比较优势，在充分掌握和论证相关国家政治、经济和社会情况基础上，积极谋划、合理布局，有力有序有效地向前推进，防止一哄而起、盲目而上、恶性竞争，切实防控风险，提高国际产能和装备

制造合作的效用和水平。

（三）主要目标

力争到2020年，与重点国家产能合作机制基本建立，一批重点产能合作项目取得明显进展，形成若干境外产能合作示范基地。推进国际产能和装备制造合作的体制机制进一步完善，支持政策更加有效，服务保障能力全面提升。形成一批有国际竞争力和市场开拓能力的骨干企业。国际产能和装备制造合作的经济和社会效益进一步提升，对国内经济发展和产业转型升级的促进作用明显增强。

（四）推进国际产能和装备制造合作的主要任务

1.总体任务

将与我装备和产能契合度高、合作愿望强烈、合作条件和基础好的发展中国家作为重点国别，并积极开拓发达国家市场，以点带面，逐步扩展。将钢铁、有色、建材、铁路、电力、化工、轻纺、汽车、通信、工程机械、航空航天、船舶和海洋工程等作为重点行业，分类实施，有序推进。

2.分类实施任务

（1）立足国内优势，推动钢铁、有色行业对外产能合作。结合国内钢铁行业结构调整，以成套设备出口、投资、收购、承包工程等方式，在资源条件好、配套能力强、市场潜力大的重点国家建设炼铁、炼钢、钢材等钢铁生产基地，带动钢铁装备对外输出。结合境外矿产资源开发，延伸下游产业链，开展铜、铝、铅、锌等有色金属冶炼和深加工，带动成套设备出口。

（2）结合当地市场需求，开展建材行业优势产能国际合作。根据国内产业结构调整的需要，发挥国内行业骨干企业、工程建设企业的作用，在有市场需求、生产能力不足的发展中国家，以投资方式为主，结合设计、工程建设、设备供应等多种方式，建设水泥、平板玻璃、建筑卫生陶瓷、新型建材、新型房屋等生产线，提高所在国工业生产能力，增加当地市场供应。

（3）加快铁路"走出去"步伐，拓展轨道交通装备国际市场。以推动和实施周边铁路互联互通、非洲铁路重点区域网络建设及高速铁路项目为重点，发挥我在铁路设计、施工、装备供应、运营维护及融资等方面的综合优势，积极开展一揽子合作。积极开发和实施城市轨道交通项目，扩大城市轨道交通车辆国际合作。在有条件的重点国家建立装配、维修基地和研发中心。加快轨道交通装备企业整合，提升骨干企业国际经营能力和综合实力。

（4）大力开发和实施境外电力项目，提升国际市场竞争力。加大电力"走出去"力度，积极开拓有关国家火电和水电市场，鼓励以多种方式参与重大电力项目合作，扩大国产火电、水电装备和技术出口规模。积极与有关国家开展核电领域交流与磋商，推进重点项目合作，带动核电成套装备和技术出口。积极参与有关国家风电、太阳能光伏项目的投资和建设，带动风电、光伏发电国际产能和装备制造合作。积极开展境外电网项目投资、建设和运营，带动输变电设备出口。

（5）加强境外资源开发，推动化工重点领域境外投资。充分发挥国内技术和产能优势，在市场需求大、资源条件好的发展中国家，加强资源开发和产业投资，建设石化、化肥、农药、轮胎、煤化工等生产线。以满足当地市场需求为重点，开展化工下游精深加工，延伸产业链，建设绿色生产基地，带动国内成套设备出口。

（6）发挥竞争优势，提高轻工纺织行业国际合作水平。发挥轻纺行业较强的国际竞争优势，在有条件的国家，依托当地农产品、畜牧业资源建立加工厂，在劳动力资源丰富、生产成本低、靠近目标市场的国家投资建设棉纺、化纤、家电、食品加工等轻纺行业项目，带动相关行业装备出口。在境外条件较好的工业园区，形成上下游配套、集群式发展的轻纺产品加工基地。把握好合作节奏和尺度，推动国际合作与国内产业转型升级良性互动。

（7）通过境外设厂等方式，加快自主品牌汽车走向国际市场。积极开拓发展中国家汽车市场，推动国产大型客车、载重汽车、小型客车、轻型客车出口。在市场潜力大、产业配套强的国家设立汽车生产厂和组装厂，建立当地分销网络和维修维护中心，带动自主品牌汽车整车及零部件出口，提升品牌影响力。鼓励汽车企业在欧美发达国家设立汽车技术和工程研发中心，同国外技术实力强的企业开展合作，提高自主品牌汽车的研发和制造技术水平。

（8）推动创新升级，提高信息通信行业国际竞争力。发挥大型通信和网络设备制造企业的国际竞争优势，巩固传统优势市场，开拓发达国家市场，以用户为核心，以市场为导向，加强与当地运营商、集团用户的合作，强化设计研发、技术支持、运营维护、信息安全的体系建设，提高在全球通信和网络设备市场的竞争力。鼓励电信运营企业、互联网企业采取兼并收购、投资建设、设施运营等方式"走出去"，在海外建设运营信息网络、数据中心等基础设施，与通信和网络制造企业合作。鼓励企业在海外设立研发机构，利用全球智力资源，加强新一代信息技术的研发。

（9）整合优势资源，推动工程机械等制造企业完善全球业务网络。加大工程机械、农业机械、石油装备、机床工具等制造企业的市场开拓力度，积极开展融资租赁等业务，结合境外重大建设项目的实施，扩大出口。鼓励企业在有条件的国家投资建厂，完善运营维护服务网络建设，提高综合竞争能力。支持企业同具有品牌、技术和市场优势的国外企业合作，鼓励在发达国家设立研发中心，提高机械制造企业产品的品牌影响力和技术水平。

（10）加强对外合作，推动航空航天装备对外输出。大力开拓发展中国家航空市场，在亚洲、非洲条件较好的国家探索设立合资航空运营企业，建设后勤保障基地，逐步形成区域航空运输网，打造若干个辐射周边国家的区域航空中心，加快与有关国家开展航空合作，带动国产飞机出口。积极开拓发达国家航空市场，推动通用飞机出口。支持优势航空企业投资国际先进制造和研发企业，建立海外研发中心，提高国产飞机的质量和水平。加强与发展中国家航天合作，积极推进对外发射服务。加强与发达国家在卫星设计、零部件制造、有效载荷研制等方面的合作，支持有条件的企业投资国外特色优势企业。

（11）提升产品和服务水平，开拓船舶和海洋工程装备高端市场。发挥船舶产能优势，在巩固中低端船舶市场的同时，大力开拓高端船舶和海洋工程装备市场，支持有实力的企业投资建厂、建立海外研发中心及销售服务基地，提高船舶高端产品的研发和制造能力，提升深海半潜式钻井平台、浮式生产储卸装置、海洋工程船舶、液化天然气船等产品国际竞争力。

（五）提高企业"走出去"能力和水平

1. 发挥企业市场主体作用

各类企业包括民营企业要结合自身发展需要和优势，坚持以市场为导向，按照商业原则和国际惯例，明确工作重点，制定实施方案，积极开展国际产能和装备制造合作，为我拓展国际发展新空间作出积极贡献。

2. 拓展对外合作方式

在继续发挥传统工程承包优势的同时，充分发挥我资金、技术优势，积极开展"工程承包＋融资"、"工程承包＋融资＋运营"等合作，有条件的项目鼓励采用 BOT、PPP 等方式，大力开拓国际市场，开展装备制造合作。与具备条件的国家合作，形成合力，共同开发第三方市场。国际产能合作要根据所在国的实际和特点，灵活采取投资、工程建设、技术合作、技术援助等多种方式，与所在国政府和企业开展合作。

3. 创新商业运作模式

积极参与境外产业集聚区、经贸合作区、工业园区、经济特区等合作园区建设，营造基础设施相对完善、法律政策配套的具有集聚和辐射效应的良好区域投资环境，引导国内企业抱团出海、集群式"走出去"。通过互联网借船出海，借助互联网企业境外市场、营销网络平台，开辟新的商业渠道。通过以大带小合作出海，鼓励大企业率先走向国际市场，带动一批中小配套企业"走出去"，构建全产业链战略联盟，形成综合竞争优势。

4. 提高境外经营能力和水平

认真做好所在国政治、经济、法律、市场的分析和评估，加强项目可行性研究

和论证，建立效益风险评估机制，注重经济性和可持续性，完善内部投资决策程序，落实各方面配套条件，精心组织实施。做好风险应对预案，妥善防范和化解项目执行中的各类风险。鼓励扎根当地、致力于长期发展，在企业用工、采购等方面努力提高本地化水平，加强当地员工培训，积极促进当地就业和经济发展。

5. 规范企业境外经营行为

企业要认真遵守所在国法律法规，尊重当地文化、宗教和习俗，保障员工合法权益，做好知识产权保护，坚持诚信经营，抵制商业贿赂。注重资源节约利用和生态环境保护，承担社会责任，为当地经济和社会发展积极作贡献，实现与所在国的互利共赢、共同发展。建立企业境外经营活动考核机制，推动信用制度建设。加强企业间的协调与合作，遵守公平竞争的市场秩序，坚决防止无序和恶性竞争。

第三节　境外投资管理办法

为了促进和规范境外投资，提高境外投资便利化水平，根据国务院及相关法律的规定，商务部通过了《境外投资管理办法》，对境外投资管理进一步提出了规范化的要求。

一、境外投资概述

所谓境外投资，是指在中华人民共和国境内依法设立的企业通过新设、并购及其他方式在境外拥有非金融企业或取得既有非金融企业所有权、控制权、经营管理权及其他权益的行为。

国家对境外投资管理的基本原则是企业开展境外投资，依法自主决策、自负盈亏。

根据我国的相关法律规定和境外投资管理办法，企业境外投资不得有以下情形：危害中华人民共和国国家主权、安全和社会公共利益，或违反中华人民共和国法律法规；损害中华人民共和国与有关国家（地区）关系；违反中华人民共和国缔结或者参加的国际条约、协定；出口中华人民共和国禁止出口的产品和技术。

国家对境外投资管理的责任主体为商务部和各省、自治区、直辖市、计划单列市及新疆生产建设兵团商务主管部门。

二、境外投资的核准与备案程序

根据《境外投资管理办法》，国家视企业境外投资的不同情形，分别实行备案和核准管理。

对涉及敏感国家和地区、敏感行业的企业境外投资，包括与中华人民共和国未建交的国家、受联合国制裁的国家，涉及出口中华人民共和国限制出口的产品和技术的行业、影响一国（地区）以上利益的行业，实行核准管理；对其他情形的境外投资，实行备案管理。

商务部和省级商务主管部门通过"境外投资管理系统"对企业境外投资进行管理，并向获得备案或核准的企业颁发《企业境外投资证书》，证书由商务部和省级商务主管部门分别印制并盖章，实行统一编码管理。中央企业的境外投资报商务部备案；地方企业报所在地省级商务主管部门备案。

企业申请境外投资核准需提交的材料包括：申请书，主要包括投资主体情况、境外企业名称、股权结构、投资金额、经营范围、经营期限、投资资金来源、投资具体内容等；《境外投资申请表》，企业通过"境外投资管理系统"按要求填写打印并加盖印章；境外投资相关合同或协议；有关部门对境外投资所涉的属于中华人民共和国限制出口的产品或技术准予出口的材料；企业营业执照复印件。

核准境外投资应当征求我驻外使（领）馆（经商处室）意见。涉及中央企业的，由商务部征求意见；涉及地方企业的，由省级商务主管部门征求意见。征求意见时，商务部和省级商务主管部门应当提供投资事项基本情况等相关信息。驻外使（领）馆（经商处室）应当自接到征求意见要求之日起七个工作日内回复。

商务部应当在受理中央企业核准申请后二十个工作日内［包含征求驻外使（领）馆（经商处室）意见的时间］作出是否予以核准的决定。申请材料不齐全或者不符合法定形式的，商务部应当在三个工作日内一次告知申请企业需要补正的全部内容。

省级商务主管部门应当在十五个工作日内［包含征求驻外使（领）馆（经商处室）意见的时间］将初步审查意见和全部申请材料报送商务部。申请材料不齐全或者不符合法定形式的，省级商务主管部门应当在三个工作日内一次告知申请企业需要补正的全部内容。商务部收到省级商务主管部门的初步审查意见后，应当在十五个工作日内做出是否予以核准的决定。

两个以上企业共同开展境外投资的，应当由相对大股东在征求其他投资方书面同意后办理备案或申请核准。如果各方持股比例相等，应当协商后由一方办理备案或申请核准。如投资方不属同一行政区域，负责办理备案或核准的商务部或省级商务主管部门应当将备案或核准结果告知其他投资方所在地商务主管部门。

自领取证书之日起两年内，企业未在境外开展投资的，证书自动失效。如需再开展境外投资，应当按照程序重新办理备案或申请核准。

企业赴香港、澳门、台湾地区投资参照《境外投资管理办法》执行。

三、相关法律责任

企业以提供虚假材料等不正当手段办理备案并取得证书的，商务部或省级商务主管部门撤销该企业境外投资备案，给予警告，并依法公布处罚决定。企业提供虚假材料申请核准的，商务部给予警告，并依法公布处罚决定。该企业在一年内不得再次申请该项核准。

企业以欺骗、贿赂等不正当手段获得境外投资核准的，商务部撤销该企业境外投资核准，给予警告，并依法公布处罚决定。该企业在三年内不得再次申请该项核准；构成犯罪的，依法追究刑事责任。

企业伪造、涂改、出租、出借或以任何其他形式转让证书的，商务部或省级商务主管部门给予警告；构成犯罪的，依法追究刑事责任。

商务部和省级商务主管部门有关工作人员不依照《境外投资管理办法》规定履行职责、滥用职权、索取或者收受他人财物或者谋取其他利益，构成犯罪的，依法追究刑事责任；尚不构成犯罪的，依法给予行政处分。

思考题

1. 推进国际产能和装备制造合作的意义是什么？
2. 如何提高企业"走出去"的能力和水平？
3. 企业申请境外投资核准需要提交哪些材料？

"一带一路"国家有关政策指导

第八章 "一带一路"进程中的境外政治风险防范

本章要点

李克强总理在2014年5月的非洲访问之行中，着重强调了"互利共赢"这一合作理念，在非洲大陆刮起了一场"中国旋风"。访问中提出中非合作的"461"框架不仅夯实了中非合作升级的基础，在此框架下推出的高速铁路、高速公路和区域航空三大网络具体合作内容也带来了新一轮中国企业走向非洲的热潮。与此同时，中国企业"走出去"在发达国家也取得了显著成效，加拿大、英国和澳大利亚已分别与中国就加强基础设施投资建设领域合作签订了谅解备忘录。

这一切似乎都表明，中国企业"走出去"正在步入一条快速发展的轨道。然而，西谚有云："鲜花丛中总会有陷阱"。在我国正式实施"走出去"战略以来，成功的故事远少于失败的案例。为了让我国企业未来在走出去的时候能够走得更稳和更远，必须增加风险意识，提高防范水平。

第一节 中国企业"走出去"可能面临的风险

一、社会层面的风险

（一）政治风险

政治风险是指东道国发生的政治事件或东道国与其他国家的政治关系发生变化时对投资主体所造成的风险，它包括了政府更迭、政策或法规变化等导致的风险。我国企业走出去的国家往往是发展相对落后的国家，政局时常不稳，国内的党派之争有可能会导致国家政策、法律的贯彻实施缺乏连续性，政府官员所做决策往往受个人利益或各自选区利益或者党派利益影响，贷款人和投资人可能面临因政治权力变更与政策变化等导致的风险。

（二）法律风险

各国国家法律体系不一样，尤其是普通法系国家的法律传统与我国法律体系存在着比较大的差别，其成文法典不多，涉诉时往往适用先例。而考察案例是一个极为浩繁的工程，对外来投资者来说是一件非常困难的事情。再加上许多国家政府官员法治观念不强，法律在现实中的执行力较差，通过司法救济方式化解外商投资经营过程中遇到的风险或者纠纷的可能性小。

（三）政府风险

在绝大多数国家，政府都相对弱势。中央政府缺乏权威，政府部门各自为政，政策制定和执行能力比较差，人员频繁更替，办事效率低下，服务意识差，导致行政效率低下，时间成本比较大。同时由于政策透明度不高，企业在项目投资审批等过程中还要支付额外的成本。

（四）文化风险

现代世界文化各异，中国企业走出去会涉及许多截然不同的文化背景，不同背景下生活的人群所形成的价值观念、思想行为方式、民族特性、宗教信仰、风俗习惯不尽相同，这些差异产生的冲突往往会给中国企业的投资活动带来一定的风险。

二、经济层面的风险

（一）外汇风险

中国企业对外投资取得的收益或遭受损失的多少，除了市场与竞争因素外，货币与汇率的变化常有较大的影响。次贷危机以来，美元币值不稳定的趋势更加明显，而全球范围内的投资和贸易体制仍以美元进行结算为主导，如果以美元或者第三方货币结算，那么币值的波动会提升中方投资者的收益风险。

（二）利率风险

中国企业对外项目大多是基础设施和资源开发类项目，这些建设项目施工周期长，投资额度大，其中有部分为借贷资金。利率变化会直接影响投融资成本，银行对项目融资利率的提高会导致项目资金成本或债务负担的增加，使得项目偿还贷款的风险加大，也提高了项目的资金成本和机会成本。

（三）市场风险

在全球经济一体化的今天，发展中国家经济社会结构决定了宏观经济对内外部各类风险的抵御能力较差，市场的周期性波动会更加频繁，使得对外投资的中国企业需要更多地防范市场变化带来的风险。

三、企业层面的风险

（一）企业管理风险

中国文化历史悠久，但不如其他文化一样具有对外部地区的扩张性，以至于中国企业走出去之后往往面对的是自己不熟悉的文化。进入其他国家投资的国内企业往往难以找到既精通业务，又会外语，同时还了解当地国情的高素质管理人才。管理者既要考虑如何保证投资能够及时产生效益，也要考虑市场波动的风险。

（二）成本变动风险

当今许多国家往往欢迎外来投资资金，却不欢迎外来劳动工人，对外来工人的工作签证发放门槛非常高，项目如果涉及大量的劳务输出，则存在劳工签证的问题，如果项目时间很长，还存在重新办理的问题。如果用当地劳工，则需要符合当地的劳动法、有关工作时间、工伤保险等规定，将直接影响企业用工成本。

同时，中国企业在他国投资时进行大量的设备与材料采购，各地之间的价格可能存在极大差异，同时也可能存在比较大的价格浮动幅度，从而使得这部分成本存在较大的不确定性。

（三）信用保障风险

信用保障风险是指国外合作伙伴的不可靠所带来的风险。中方投资企业对国外的交易对手、合伙人、债务人等业务伙伴的经济背景、资信能力难以全面、准确、客观地了解，加之在当地投资经验并不丰富，未通晓该国相关法律法规，面对不熟悉的市场和并不完全健全的法律体系和监管机构，中方投资者的信用风险程度加大。

（四）结算索赔风险

在海外实施项目，我方企业相对当地企业或组织的力量来说总是薄弱的，很多企业都是在项目竣工后，由于业主拖着不结算，最终造成做了事拿不到钱的结局。索赔往往成为项目工程价款的重要组成部分，索赔能否得到支持很有可能成为项目能否实现盈利的重要因素。

（五）资源品质风险

如中国企业参与矿业资源开发的时机较晚，一些优质的矿业资源已经被国际矿业巨头捷足先登，现有矿山项目的总体条件较差，因此在项目甄别上要格外谨慎。要通过专业的机构确认矿权有效期、合法性、资源储量的可靠性和未来前景。如果做不好前期工作，很可能事倍功半。

第二节　中国企业走出去的风险防范与保障措施

一、政府层面
（一）促进政府部门之间的协调，完善服务体系

整合各种资源，建立信息传播机构和渠道，不断完善对外投资统计制度和海外企业信息披露制度，在现有基础上进一步加强对外投资的信息服务和产业指导。加快建立以政府为指导的国别数据库、投资绩效评价与风险预警等服务体系，帮助企业规避对外投资的风险。

（二）加快建立促进和保障对外投资发展的机制和体制，加大相关政策支持力度

加快改革境外投资外汇管理体制、投融资管理体制，适当加大财税支持力度。充分发挥银行、信用保险公司及各项财政、金融支持手段的作用，对企业赴外开展跨国经营活动提供支持。对于那些在国外开发战略性资源、符合国家发展战略的企业，还应考虑给予减免税的优惠政策，间接提供支持。

（三）尽快建立海外投资风险基金，降低海外投资企业风险

目前，日本、韩国及我国台湾地区都建立了海外投资损失准备金制度。以日本为例，其海外投资损失准备金由政府和企业共同出资建立，对企业海外投资所遭受的损失在一定范围内提供补偿，尤其是那些遭遇自然灾害、战争等问题的企业可获得较高比例的补偿，参与建立准备金的企业还可以提取一定比例的准备金用于海外再投资。

（四）通过"企业主导，政府推动"，加速推进境外经济贸易合作区建设

其目的在于鼓励企业从"单兵作战"转为"集团出海"，从而带动产业集群"走出去"，形成中国军团，增强整体竞争力。具体做法是由商务部牵头，与投资目的国政府达成一致，然后以国内审批通过的企业为建设经营主体，由该企业与投资目的国政府协议和签约，在该国建设经济贸易合作区，再由该企业开展对外招商，吸引国内外相关企业入驻，形成产业集群。合作区通过审核授权后，国家可以给予适当的财政支持和中长期贷款。

（五）建立有序的境外投资、工程承包管理协调机制，加强指导和协调

建立境外大型工程建筑市场准入资质标准，避免国内企业同业竞争激烈，防止部分小企业在国外的履约出现问题，造成不良国际影响；建立境外业务绩效评价制度、年检制度及境外项目信息反馈制度等境外监管调控体系。

（六）加强政府间的合作和交流

中国政府应加强与企业投资目的国的经验交流，推进能力建设合作。在不涉及内政主权的条件下，中国政府可以通过一定方式帮助投资目的国营造有利的投资环境，为中国企业开展投资贸易活动创造良好的条件。

二、企业层面

（一）重视项目的调研与论证

在对外投资之前，企业一定要加强对投资目的国各方面信息的调研，包括社会人文环境、法律环境、项目现场、现场勘察、施工资源信息、气候及天气状况、是否有技术控制、流行性疾病以及主要发生的不可抗力事件的调研等。同时加强对国际市场行情变化的分析预测工作，对未来行业发展趋势具有清晰判断。

（二）重视谈判工作

合同谈判是对外投资的重要步骤，对于一些实质性条款如果涉及企业的重大利益，在谈判时一定不能妥协，否则可能会造成整个项目最终无法盈利。

（三）尊重当地风俗文化和宗教信仰，强化投资项目的本土化特征

处理好与投资目的国政府、议会以及当地居民的关系，建立良好的沟通渠道，承担必要社会责任，雇佣当地员工，并适当改善当地卫生教育事业，争取更多的理解和支持。

（四）及时掌握信息，建立危机预警机制

要同当地政府部门和中国驻外使馆及其经参处保持良好顺畅的沟通，及时了解所在国的政治动向，针对存在的风险事先制订应急预案，以从容应对可能出现的各项突发事件。

（五）积极利用保险、担保、银行等保险金融机构和其他专业风险管理机构的相关业务保障自身利益

可以通过购买海外投资保险的办法来规避政治风险，即通过支付一定的保费，把自己要承担的风险转移至保险公司。对中国企业来说，一般可以选择中国出口信用保险公司（简称"中国信保"）。投资企业购买保险往往能够稳定债权人信心，从而顺利实现债务融资，筹集款项。

（六）积极寻求当地政府力量的支持，规避土地风险

对于土地需求量大的重大项目，可通过"lease-lease-back"的方式实现对传统共有土地的租赁，即政府先从土地主手中租得该传统土地，然后再转租给土地使用者，租赁期满再返还给土地主。为避免土地问题导致项目投资金额和周期的不可控，要加强与当地政府和具有政府背景的企业沟通，建立双方的合作框架和平台。

（七）采取积极措施规避市场风险

规避汇率风险的方式主要归类为两种：

第一种方法是不利用金融衍生工具的自然避险法，譬如采取对己方更有利的币种和结算方式，在合同中加列汇率条款。

第二种是利用银行等金融机构提供的金融工具，提高自身控制汇率风险的能力。主要的金融工具有远期结售汇、远期合同套期保值、货币期货套期保值、货币期权套期保值、货币掉期、出口宝（汇率锁定）等。从利率市场化的角度而言，贷款利率一般在贷款方所在国家发布的指导基础上，由借贷双方协商确定。为了规避利率风险，贷款可通过采用不同期限贷款的合理组合来降低总的利息支出，并考虑采用封顶利率或利率保险等措施来规避利率上涨可能带来的风险。同时，关注该国经济发展走向，延长产业链条，实现与上游货种的来源地和下游市场的互补和联动，互相促进，互为依托，共同发展，减少市场波动带来的风险。

（八）建立健全风险防范和退出机制

一是通过设立海外办事机构和海外投资平台建立统一领导、明确分工、协同作战的组织保障；二是通过外部引进、激励机制、合理薪酬制度等建立高素质的国际化人才保障；三是通过高效的、多方式的资金运作模式形成资金保障；四是坚持市场需求与建设规模相适应的原则，不盲目扩大投资规模；五是采取多种形式尽量控制用工成本，通过设备租赁、期货市场等渠道缩减部分设备与原材料成本；六是积极与当地企业寻求合作关系，客观评估其工作能力，给予适当的工作分工，彼此和谐相处，建立长期、互信、共赢的合作关系；七是以法律的形式对项目还款方式予以确认，通过项目参保等方式降低投资风险，按项目进度分期拨付投资款，保证贷款安全；八是为防止巨额工期索赔的发生，除了在合同中对项目中相应索赔的提出以及对支付的全部程序进行系统、详细、具体的合理约定，在项目实施过程中企业也应该重视有关工期的证据收集，以确保在面临工期索赔的时候，中方企业有合理并充分的证据给予反驳。

三、民间组织层面

（一）加强与当地华人华侨群体的交流沟通

我国有超过6000万的海外华侨，遍及世界各地。作为特殊的群体，海外华侨具有人口数量大、分布广、从事行业多样等特点，熟知投资目的国的政治、经济、社会形势，能够有效帮助中国企业在"走出去"时趋利避害、规避风险。经过多年的打拼，海外华人华侨已在一些国家具有一定位势，建立了较为广泛的人脉关系和社群网络。中国企业在当地投资，通过华人华侨可以更好更快地了解当地风俗文化，及时调整企业用工和管理方式，从而更好更快地适应当地情况。

（二）扶持社会中介机构发挥桥接作用

除了传统的政府和企业两个层面，社会中介机构之间的中介作用是需要着力推进的方向。一方面，一些国内的投资促进机构、行业组织或协会可以与国内企业一起到投资目的国，为企业提供更多的伴随式服务；另一方面，这些社会组织应加强与投资目的国政府、中介组织和企业的沟通与联系，帮助投资者更快融入当地社会，实现投资者与东道国的互利共赢。要注重发挥行业协会的作用，可依据政府有关政策，帮助建立行业内企业"走出去"的协调机制，创造平等的竞争环境，加强行业自律，避免企业在国际市场上的恶性竞争。可利用国际交流的网络渠道和行业常态联络机制为企业提供服务。此外，可在重大境外投资和并购项目中充分发挥协会的专业水平，组织相关专家帮助政府对项目风险进行评估，为政府审批提供评估意见。

思考题

1. 中国企业"走出去"可能面临哪些风险？

2. 如何防范中国企业"走出去"可能面临的风险？

第九章 "一带一路"建设的司法服务和保障

本 章 要 点

"一带一路"，是以习近平同志为总书记的党中央主动应对全球形势深刻变化，统筹国内、国际两个大局作出的重大战略决策。为了确保"一带一路"战略的顺利实施和深入推进，2015年6月16日，最高人民法院颁布了《最高人民法院关于人民法院为"一带一路"建设提供司法服务和保障的若干意见》，要求各级人民法院要深入学习贯彻党和国家关于"一带一路"建设的重大决策以及习近平总书记的系列重要论述，充分认识肩负的神圣职责，自觉担当时代使命，主动服务和融入"一带一路"建设进程。积极回应"一带一路"建设中外市场主体的司法关切和需求，大力加强涉外刑事、涉外民商事、海事海商、国际商事海事仲裁司法审查和涉自贸区相关案件的审判工作，为"一带一路"建设营造良好法治环境。

第一节 提升"一带一路"建设的国际公信力

最高人民法院要求各级人民法院通过充分发挥审判职能的作用，提升"一带一路"建设司法服务和保障的国际公信力。具体包括：

一、充分发挥刑事审判职能作用，为"一带一路"建设营造和谐稳定的社会环境

各级人民法院要加强刑事审判工作，深化与"一带一路"沿线国家刑事司法合作，严厉打击暴力恐怖势力、民族分裂势力、宗教极端势力，严厉惩处海盗、贩毒、走私、洗钱、电信诈骗、网络犯罪、拐卖人口等跨国犯罪。要妥善审理国际投资、国际贸易、跨国金融、港口、航运、仓储、物流等领域刑事案件，坚

持罪刑法定，严格办案程序，把握好刑事政策尺度和罪与非罪界限，确保每一起案件都经得起法律和历史的检验。

二、公正高效审理涉"一带一路"建设相关案件，营造公平公正的营商投资环境

各级人民法院要密切关注新亚欧大陆桥经济走廊建设等国际经济合作，依法及时审理相关的基础设施建设、经贸往来、产业投资、能源资源合作、金融服务、生态环境、知识产权、货物运输、劳务合作等涉外民商事案件，依法积极保障"走出去""引进来"战略实施。要密切关注重点港口、航运枢纽等海上战略通道建设，依法及时妥善审理相关的港口建设、航运金融、海上货物运输、海洋生态保护等海事海商案件，依法促进海洋强国战略。要正确理解和把握自贸区建设有关"准入前国民待遇"和"负面清单"的相关规定和政策，处理好当事人意思自治与行政审批的关系，及时修订和调整相关司法政策，严格限制认定合同无效的范围，促进对外开放。要严格贯彻对中外当事人平等保护原则，坚持各类市场主体的诉讼地位平等、法律适用平等、法律责任平等。

三、依法行使司法管辖权，为中外市场主体提供及时、有效的司法救济

各级人民法院要充分尊重"一带一路"建设中外市场主体协议选择司法管辖的权利，通过与沿线各国友好协商及深入开展司法合作，减少涉外司法管辖的国际冲突，妥善解决国际间平行诉讼问题。要遵循国际条约和国际惯例，科学合理地确定涉沿线国家案件的连结因素，依法行使司法管辖权，既要维护我国司法管辖权，同时也要尊重沿线各国的司法管辖权，充分保障"一带一路"建设中外市场主体的诉讼权利。要严格落实《最高人民法院关于人民法院登记立案若干问题的规定》，对依法应当受理的涉"一带一路"建设相关案件，一律接收诉状，当场登记立案，依法尽快做出裁判，及时解决纠纷。要进一步完善境外当事人身份查明、境外证据审查、境外证人作证等制度，最大限度方便中外当事人诉讼。

四、加强与"一带一路"沿线各国的国际司法协助，切实保障中外当事人合法权益

各级人民法院要积极探讨加强区域司法协助，配合有关部门适时推出新型司法协助协定范本，推动缔结双边或者多边司法协助协定，促进沿线各国司法判决的相互承认与执行。要在沿线一些国家尚未与我国缔结司法协助协定的情况下，根据国际司法合作交流意向、对方国家承诺将给予我国司法互惠等情况，可以考虑由我国法院先行给予对方国家当事人司法协助，积极促成形成互惠关系，积极倡导并逐步扩大国际司法协助范围。要严格依照我国与沿线国家缔结或者共同参加的国际条约，积极办理司法文书送达、调查取证、承认与执行外国法院判决等司法协助请求，为中外当事人合法权益提供高效、快捷的司法救济。

五、依法准确适用国际条约和惯例，准确查明和适用外国法律，增强裁判的国际公信力

各级人民法院要不断提高适用国际条约和惯例的司法能力，在依法应当适用国际条约和惯例的案件中，准确适用国际条约和惯例。要深入研究沿线各国与我国缔结或共同参加的贸易、投资、金融、海运等国际条约，严格依照《维也纳条约法公约》的规定，根据条约用语通常所具有的含义按其上下文并参照条约的目的及宗旨进行善意解释，增强案件审判中国际条约和惯例适用的统一性、稳定性和可预见性。要依照《涉外民事关系法律适用法》等冲突规范的规定，全面综合考虑法律关系的主体、客体、内容、法律事实等涉外因素，充分尊重当事人选择准据法的权利，积极查明和准确适用外国法，消除沿线各国中外当事人国际商事往来中的法律疑虑。要注意沿线不同国家当事人文化、法律背景的差异，适用公正、自由、平等、诚信、理性、秩序以及合同严守、禁止反言等国际公认的法律价值理念和法律原则，通俗、简洁、全面、严谨地论证说理，增强裁判的说服力。

六、依法加强涉沿线国家当事人的仲裁裁决司法审查工作，促进国际商事海事仲裁在"一带一路"建设中发挥重要作用

要正确理解和适用《承认及执行外国仲裁裁决公约》(以下简称《纽约公约》)，依法及时承认和执行与"一带一路"建设相关的外国商事海事仲裁裁决，推动与尚未参加《纽约公约》的沿线国家之间相互承认和执行仲裁裁决。要探索完善撤销、不予执行我国涉外、涉港澳台仲裁裁决以及拒绝承认和执行外国仲裁裁决的司法审查程序制度，统一司法尺度，支持仲裁发展。实行商事海事仲裁司法审查案件统一归口的工作机制，确保商事海事仲裁司法审查标准统一。要探索司法支持贸易、投资等国际争端解决机制充分发挥作用的方法与途径，保障沿线各国双边投资保护协定、自由贸易区协定等协定义务的履行，支持"一带一路"建设相关纠纷的仲裁解决。

第二节 为"一带一路"建设营造良好的法治环境

一、深化改革、强化公开，不断提升涉外案件的国际影响力和公信力

各级人民法院要积极探索主审法官、合议庭办案责任制，探索将相关新类型案件集中到涉外审判部门审理，进一步发挥专业化审判的优势。及时总结海事审判管

辖制度改革试点经验，推广将与海事密切关联的部分海事行政案件纳入海事法院专门管辖等，从体制机制方面有效保护海洋经济和海洋生态文明，不断巩固我国亚太地区海事司法中心地位。要强化司法公开，充分发挥涉外司法的国际窗口作用，不断满足中外当事人的知情权。要研究制定人民法院接受外国公民申请旁听案件庭审的具体办法，为外国公民旁听案件提供便利条件，积极邀请沿线各国驻华使节、国际合作交流人员旁听典型案件庭审，回应国际社会关切。

二、建立常态化调研指导机制，增强工作的系统性与针对性

各级人民法院要将"一带一路"建设司法保障作为一项常规性工作抓紧抓实，坚持近期问题与长期应对相结合，坚持司法专门保障与国家整体推进相结合，坚持司法职能与中央战略规划、地方实际相结合，及时研究"一带一路"建设中的司法需求和司法政策。要深入分析研判"一带一路"建设各类相关案件的特点和规律，加强司法解释和案例指导，规范自由裁量，统一法律适用，及时为市场活动提供指引。要建立健全涉"一带一路"相关案件的专项统计分析制度，发布典型案例，及时向有关部门和社会发出司法建议和司法信息，有效预防法律风险。要与国家和地方相关部门建立沟通联系机制，深入研究国际法规则和沿线国家法律法规，提出前瞻性应对策略，增强推进"一带一路"建设的整体合力。

三、支持发展多元化纠纷解决机制，依法及时化解涉"一带一路"建设的相关争议争端

各级人民法院要充分尊重当事人根据"一带一路"沿线各国政治、法律、文化、宗教等因素作出的自愿选择，支持中外当事人通过调解、仲裁等非诉讼方式解决纠纷。要进一步推动完善商事调解、仲裁调解、人民调解、行政调解、行业调解、司法调解联动工作体系，发挥各种纠纷解决方式在解决涉"一带一路"建设争议争端中的优势，不断满足中外当事人纠纷解决的多元需求。

四、拓展国际司法交流宣传机制，增进沿线各国的法治认同

各级人民法院要充分发挥上海合作组织最高法院院长会议、中国—东盟大法官论坛、亚太首席大法官会议、金砖国家大法官会议等现有多边合作机制，办好区域国际司法论坛，共同研讨解决"一带一路"建设中的相关问题，与沿线各国携手打造稳定透明、公平公正的"一带一路"国际法治环境。要推动建立新机制，进一步加强我国与沿线国家司法机构之间的交流与合作，建立外国法查明工作平台，支持国内相关单位与"一带一路"沿线国家高等院校、科研机构之间积极开展法学交流活动，增进国际社会对中国司法的了解，促进各国法治互信。

五、积极参与相关国际规则制定，不断提升我国司法的国际话语权

各级人民法院要进一步拓宽国际司法交流渠道，密切关注亚洲投资银行、丝路

基金建设的进展，及时研究相关的国际金融法、国际贸易法、国际投资法、国际海事规则等国际法的发展趋势，积极参与和推动相关领域国际规则制定。

第三节 不断提高司法服务和保障"一带一路"的建设的能力与水平

一、加强经验总结和工作指导，确保"一带一路"建设的司法服务和保障工作扎实有序推进

各级人民法院要充分发挥地方各级人民法院积极性，鼓励地方法院立足本地实际，发挥各自优势，积极探索，创造有益经验，促进服务和保障工作深入开展。要根据"一带一路"建设的推进重点，加强重点示范，发挥其示范引领作用。要注意总结司法保障工作的经验做法，推广可复制、可借鉴的先进经验和典型案（事）例。要加强宏观指导，强化分工落实，抓好督促检查和案件评估，不断增强"一带一路"建设司法保障能力。

二、加强专业人才培养，不断提升与"一带一路"建设相适应的司法能力

各级人民法院要制定培养规划，加强专题专项培训，加快建立专门的审判队伍。要加强业务能力培训，强化"一带一路"建设相关知识的学习，增强司法综合素质。要拓展法官国际视野，鼓励法官参加国际交流，提高法官应对处理国际事务的能力，努力造就一批能够站在国际法律理论前沿、在国际民商事海事审判领域具有国际影响的法官。

三、加强信息化建设，全面提高"一带一路"建设司法服务和保障工作的实效和水平

各级人民法院要围绕公开、透明、便捷、高效、共享、互通的原则，加强"一带一路"建设司法保障信息化建设的顶层设计，坚持创新驱动，推进信息技术与审判业务深度融合，信息技术与司法公开深度融合，信息技术与司法便民深度融合，构建符合信息时代特征的网络法院、阳光法院和智慧法院。要高度重视相关工作的舆论引导和宣传工作，建设最高人民法院和涉外商事海事审判英文网站，充分运用新媒体技术，对"一带一路"建设司法服务和保障进行宣传，打造对外交流宣传平台，通过多种方式向国际社会提供及时、全面、详实的涉"一带一路"建设的法治信息，全面展示我国司法建设和法治建设的成就。

思考题

1. 如何提升"一带一路"建设的国际公信力？
2. 如何为"一带一路"建设营造良好的法治环境？

附录

中共中央 国务院转发《中央宣传部、司法部关于在公民中开展法治宣传教育的第七个五年规划（2016—2020年）》的通知

各省、自治区、直辖市党委和人民政府，中央和国家机关各部委，解放军各大单位、中央军委机关各部门，各人民团体：

《中央宣传部、司法部关于在公民中开展法治宣传教育的第七个五年规划（2016—2020年）》（以下简称"七五"普法规划）已经中央同意，现转发给你们，请结合实际认真贯彻执行。

全民普法和守法是依法治国的长期基础性工作。深入开展法治宣传教育，是贯彻落实党的十八大和十八届三中、四中、五中全会精神的重要任务，是实施"十三五"规划、全面建成小康社会的重要保障。各级党委和政府要把法治宣传教育纳入当地经济社会发展规划，进一步健全完善党委领导、人大监督、政府实施的法治宣传教育工作领导体制，确保"七五"普法规划各项目标任务落到实处。要坚持把领导干部带头学法、模范守法作为树立法治意识的关键，完善国家工作人员学法用法制度，把法治观念强不强、法治素养好不好作为衡量干部德才的重要标准，把能不能遵守法律、依法办事作为考察干部的重要内容，切实提高领导干部运用法治思维和法治方式深化改革、推动发展、化解矛盾、维护稳定的能力。坚持从青少年抓起，把法治教育纳入国民教育体系，引导青少年从小掌握法律知识、树立法治意识、养成守法习惯。要坚持法治宣传教育与法治实践相结合，深化基层组织和部门、行业依法治理，深化法治城市、法治县（市、区）等法治创建活动，全面提高全社会法治化治理水平。要推进法治教育与道德教育相结合，促进实现法律和道德相辅相成、法治和德治相得益彰。要健全普法宣传教育机制，实行国家机关"谁执法谁普法"的普法责任制，健全媒体公益普法制度，推进法治宣传教育工作创新，不断增强法治宣传教育的实效。要通过深入开展法治宣传教育，传播法律知识，弘扬法治精神，建设法治文化，充分发挥法治宣传教育在全面依法治国中的基础作用，推动全社会树立法治意识，为顺利实施"十三五"规划、全面建成小康社会营造良好的法治环境。

中共中央　国务院

2016年3月25日

中央宣传部、司法部关于
在公民中开展法治宣传教育的第七个
五年规划（2016—2020年）

在党中央、国务院正确领导下，全国第六个五年法制宣传教育规划（2011—2015年）顺利实施完成，法治宣传育工作取得显著成效。以宪法为核心的中国特色社会主义法律体系得到深入宣传，法治宣传教育主题活动广泛开展，多层次多领域依法治理不断深化，法治创建活动全面推进，全社会法治观念明显增强，社会治理法治化水平明显提高，法治宣传教育在建设社会主义法治国家中发挥了重要作用。

党的十八大以来，以习近平同志为总书记的党中央对全面依法治国作出了重要部署，对法治宣传教育提出了新的更高要求，明确了法治宣传教育的基本定位、重大任务和重要措施。十八届三中全会要求"健全社会普法教育机制"；十八届四中全会要求"坚持把全民普法和守法作为依法治国的长期基础性工作，深入开展法治宣传教育"；十八届五中全会要求"弘扬社会主义法治精神，增强全社会特别是公职人员尊法学法守法用法观念，在全社会形成良好法治氛围和法治习惯"。习近平总书记多次强调"领导干部要做尊法学法守法用法的模范"，要求法治宣传教育"要创新宣传形式，注重宣传实效"，为法治宣传教育工作指明了方向，提供了基本遵循。与新形势新任务的要求相比，有的地方和部门对法治宣传教育重要性的认识还不到位，普法宣传教育机制还不够健全，实效性有待进一步增强。深入开展法治宣传教育，增强全民法治观念，对于服务协调推进"四个全面"战略布局和"十三五"时期经济社会发展，具有十分重要的意义。为做好第七个五年法治宣传教育工作，制定本规划。

一、指导思想、主要目标和工作原则

第七个五年法治宣传教育工作的指导思想是：高举中国特色社会主义伟大旗帜，全面贯彻党的十八大和十八届三中、四中、五中全会精神，以马克思列宁主义、毛泽东思想、邓小平理论、"三个代表"重要思想、科学发展观为指导，深入贯彻习近平总书记系列重要讲话精神，坚持"四个全面"战略布局，坚持创新、协调、绿色、开放、共享的发展理念，按照全面依法治国新要求，深入开展法治宣传教育，扎实推进依法治理和法治创建，弘扬社会主义法治精神，建设社会主义法治文化，推进法治宣传教育与法治实践相结合，健全普法宣传教育机制，推动工作创新，充分发挥法治宣传教育在全面依法治国中的基础作用，推动全社会树立法治意识，为"十三五"时期经济社会发展营造良好法治环境，为实现"两个一百年"奋斗目标和中华民族伟大复兴的中国梦作出新的贡献。

第七个五年法治宣传教育工作的主要目标是：普法宣传教育机制进一步健全，法治宣传教育实效性进一步增强，依法治理进一步深化，全民法治观念和全体党员党章党规意识明显增强，全社会厉行法治的积极性和主动性明显提高，形成守法光荣、违法可耻的社会氛围。

第七个五年法治宣传教育工作应遵循以下原则：

——坚持围绕中心，服务大局。围绕党和国家中心工作开展法治宣传教育，更好地服务协调推进"四个全面"战略布局，为全面实施国民经济和社会发展"十三五"规划营造良好法治环境。

——坚持依靠群众，服务群众。以满足群众不断增长的法治需求为出发点和落脚点，以群众喜闻乐见、易于接受的方式开展法治宣传教育，增强全社会尊法学法守法用法意识，使国家法律和党内法规为党员群众所掌握、所遵守、所运用。

——坚持学用结合，普治并举。坚持法治宣传教育与依法治理有机结合，把法治宣传教育融入立法、执法、司法、法律服务和党内法规建设活动中，引导党员群众在法治实践中自觉学习、运用国家法律和党内法规，提升法治素养。

——坚持分类指导，突出重点。根据不同地区、部门、行业及不同对象的实际和特点，分类实施法治宣传教育。突出抓好重点对象，带动和促进全民普法。

——坚持创新发展，注重实效。总结经验，把握规律，推动法治宣传教育工作理念、机制、载体和方式方法创新，不断提高法治宣传教育的针对性和时效性，力戒形式主义。

二、主要任务

（一）**深入学习宣传习近平总书记关于全面依法治国的重要论述**。党的十八大以来，习近平总书记站在坚持和发展中国特色社会主义全局的高度，对全面依法治国作了重要论述，提出了一系列新思想、新观点、新论断、新要求，深刻回答了建设社会主义法治国家的重大理论和实践问题，为全面依法治国提供了科学理论指导和行动指南。要深入学习宣传习近平总书记关于全面依法治国的重要论述，增强走中国特色社会主义道路的自觉性和坚定性，增强全社会厉行法治的积极性和主动性。深入学习宣传以习近平同志为总书记的党中央关于全面依法治国的重要部署，宣传科学立法、严格执法、公正司法、全民守法和党内法规建设的生动实践，使全社会了解和掌握全面依法治国的重大意义和总体要求，更好地发挥法治的引领和规范作用。

（二）**突出学习宣传宪法**。坚持把学习宣传宪法摆在首要位置，在全社会普遍开展宪法教育，弘扬宪法精神，树立宪法权威。深入宣传依宪治国、依宪执政等理念，宣传党的领导是宪法实施的最根本保证，宣传宪法确立的国家根本制度、根本任务和我的国体、政体，宣传公民的基本权利和义务等宪法基本内容，宣传宪法的实施，实行宪法宣誓制度，认真组织好"12·4"国家宪法日集中宣传活动，推动宪法家喻户晓、深入人心，提高全体公民特别是各级领导干部和国家机关工作人员的宪法意识，教育引导一切组织和个人都必须以宪法为根本活动准则，增强宪法观念，坚决维护宪法尊严。

（三）**深入宣传中国特色社会主义法律体系**。坚持把宣传以宪法为核心的中国特色社会主义法律体系作为法治宣传教育的基本任务，大力宣传宪法相关法、民法商法、行政法、经济法、社会法、刑法、诉讼与非诉讼程序法等多个法律部门的法律法规。大力宣传社会主义民主政治建设的法律法规，提高人民有序参与民主政治的意识和水平。大力宣传保障公民基本权利的法律法规，推动全社会树立尊重和保障人权意识，促进公民权利保障法治化。大力宣传依法行政领域的法律法规，推动各级行政机关树立"法定职责必须为、法无授权不可为"的意识，促进法治政府建设。大力宣传市场经济领域的法律法规，推动全社会树立保护产权、平等交换、公平竞争、诚实信用等意识，促进大众创业、万众创新，促进经济在新常态下平稳健康运行。大力宣传有利于激发文化创造活力、保障人民基本文化权益的相关法律法规，促进社会主义精神文明建设。大力宣传教育、就业、收入分配、社会保障、医疗卫生、食品安全、扶贫、慈善、社会救助和妇女儿童、老年人、残疾人合法权益保护等方面法律法规，促进保障和改善民生。大力宣传国家安全和公共安全领域的法律法规，提高全民安全意识、风险意识和预防能力。大力宣传国防法律法规，提高全民国防观念，促进国防建设。大力宣传党的民族、宗教政策和相关法律法规，维护民族地区繁荣稳定，促进民族关系、宗教关系和谐。大力宣传环境保护、资源能源节约利用等方面的法律法规，推动美丽中国建设。大力宣传互联网领域的法律法规，教育引导网民依法规范网络行为，促进形成网络空间良好秩序。大力宣传诉讼、行政复议、仲裁、调解、信访等方面的法律法规，引导群众依法表达诉求、维护权利，促进社会和谐稳定。在传播法律知识的同时，更加注重弘扬法治精神、培育法治理念、树立法治意识，大力宣传宪法法律至上、法律面前人人平等、权由法定、权依法使等基本法治理念，破除"法不责众"、"人情大于国法"等错误认识，引导全民自觉守法、遇事找法、解决问题靠法。

（四）**深入学习宣传党内法规**。适应全面从严治党、依规治党新形势新要求，切实加大党内法规宣传力度。突出宣传党章，教育引导广大党员尊崇党章，以党章为根本遵循，坚决维护党章权威。大力宣传《中国共产党廉洁自律准则》、《中国共产党纪律处分条例》等各项党内法规，注重党内法规宣传与国家法律宣传的衔接和协调，坚持纪在法前、纪严于法，把纪律和规矩挺在前面，教育引导广大党员做党章党规党纪和国家法律的自觉尊崇者、模范遵守者、坚定捍卫者。

（五）推进社会主义法治文化建设。以宣传法律知识、弘扬法治精神、推动法治实践为主旨，积极推进社会主义法治文化建设，充分发挥法治文化的引领、熏陶作用，使人民内心拥护和真诚信仰法律。把法治文化建设纳入现代公共文化服务体系，推动法治文化与地方文化、行业文化、企业文化融合发展。繁荣法治文化作品创作推广，把法治文化作品纳入各级文化作品评奖内容，纳入艺术、出版扶持和奖励基金内容，培育法治文化精品。利用重大纪念日、民族传统节日等契机开展法治文化活动，组织开展法治文艺展演展播、法治文艺演出下基层等活动，满足人民群众日益增长的法治文化需求。把法治元素纳入城乡建设规划设计，加强基层法治文化公共设施建设。

（六）推进多层次多领域依法治理。坚持法治宣传教育与法治实践相结合，把法律条文变成引导、保障经济社会发展的基本规则，深化基层组织和部门、行业依法治理，深化法治城市、法治县（市、区）等法治创建活动，提高社会治理法治化水平。深入开展民主法治示范村（社区）创建，进一步探索乡村（社区）法律顾问制度，教育引导基层群众自我约束、自我管理。发挥市民公约、乡规民约、行业规章、团体章程等社会规范在社会治理中的积极作用，支持行业协会商会类社会组织发挥行业自律和专业服务功能，发挥社会组织对其成员的行为导引、规则约束、权益维护作用。

（七）推进法治教育与道德教育相结合。坚持依法治国和以德治国相结合的基本原则，以法治体现道德理念，以道德滋养法治精神，促进实现法律和道德相辅相成、法治和德治相得益彰。大力弘扬社会主义核心价值观，弘扬中华传统美德，培育社会公德、职业道德、家庭美德、个人品德，提高全民族思想道德水平，为全面依法治国创造良好人文环境。强化规则意识，倡导契约精神，弘扬公序良俗，引导人们自觉履行法定义务、社会责任、家庭责任。发挥法治在解决道德领域突出问题中的作用，健全公民和组织守法信用记录，完善守法诚信褒奖机制和违法失信行为惩戒机制。

三、对象和要求

法治宣传教育的对象是一切有接受教育能力的公民，重点是领导干部和青少年。

坚持把领导干部带头学法、模范守法作为树立法治意识的关键。完善国家工作人员学用法制度，把宪法法律和党内法规列入党委（党组）中心组学习内容，列为党校、行政学院、干部学院、社会主义学院必修课；把法治教育纳入干部教育培训总体规划，纳入国家工作人员初任培训、任职培训的必训内容，在其他各类培训课程中融入法治教育内容，保证法治培训课时数量和培训质量，切实提高领导干部运用法治思维和法治方式深化改革、推动发展、化解矛盾、维护稳定的能力。加强党章和党内法规学习教育，引导党员领导干部增强党章党规党纪意识，严守政治纪律和政治规矩，在廉洁自律上追求高标准，自觉远离违纪红线。健全日常学法制度，创新学法形式，拓宽学法渠道。健全完善重大决策合法性审查机制，积极推行法律顾问制度，各级党政机关和人民团体普遍设立公职律师，企业可设立公司律师。把尊法学法守法用法情况作为考核领导班子和领导干部的重要内容。把法治观念强不强、法治素养好不好作为衡量干部德才的重要标准，把能不能遵守法律、依法办事作为考察干部的重要内容。

坚持从青少年抓起。切实把法治教育纳入国民教育体系，制定和实施青少年法治教育大纲，在中小学设立法治知识课程，确保在校学生都能得到基本法治知识教育。完善中小学法治课教材体系，编写法治教育教材、读本，地方可将其纳入地方课程义务教育免费教科书范围，在小学普及宪法基本常识，在中、高考中增加法治知识内容，使青少年从小树立宪法意识和国家意识。将法治教育纳入"中小学幼儿园教师国家级培训计划"，加强法治课教师、分管法治教育副校长、法治辅导员培训。充分利用第二课堂和社会实践活动开展青少年法治教育，在开学第一课、毕业仪式中有机融入法治教育内容。加强对高等院校学生的法治教育，增强其法治观念和参与法治实践的能力。强化学校、家庭、社会"三位一体"的青少年法治教育格局，加强青少年法治教育实践基地建设和网络建设。

各地区各部门要根据实际需要，从不同群体的特点出发，因地制宜开展有特色的法治宣传教育。突出加强对企业经营管理人员的法治宣传教育，引导他们树立诚信守法、爱国敬业意识，提高依法经营、依法管理能力。加强对农民工等群体的法治宣传教育，帮助、引导他们依法维权，自觉运用法律手段解决矛盾纠纷。

四、工作措施

第七个法治宣传教育五年规划从2016年开始实施，至2020年结束。各地区各部门要根据本规划，认真制定本地区本部门规划，深入宣传发动，全面组织实施，确保第七个五年法治宣传教育规划各项目标任务落到实处。

（一）健全普法宣传教育机制。各级党委和政府要加强对普法工作的领导，宣传、文化、教育部门和人民团体要在普法教育中发挥职能作用。把法治教育纳入精神文明创建内容，开展群众性法治文化活动。人民团体、社会组织要在法治宣传教育中发挥积极作用，健全完善普法协调协作机制，根据各自特点和实际需要，有针对性地组织开展法治宣传教育活动。积极动员社会力量开展法治宣传教育，加强各级普法讲师团建设，选聘优秀法律和党内法规人才充实普法讲师团队伍，组织开展专题法治宣讲活动，充分发挥讲师团在普法工作中的重要作用。鼓励引导司法和行政执法人员、法律服务人员、大专院校法律专业师生加入普法志愿者队伍，畅通志愿者服务渠道，健全完善管理制度，培育一批普法志愿者优秀团队和品牌活动，提高志愿者普法宣传水平。加强工作考核评估，建立健全法治宣传教育工作考评指导标准和指标体系，完善考核办法和机制，注重考核结果的运用。健全激励机制，认真开展"七五"普法中期检查和总结验收，加强法治宣传教育先进集体、先进个人表彰工作。围绕贯彻中央关于法治宣传教育的总体部署，健全法治宣传教育工作基础制度，加强地方法治宣传教育条例制定和修订工作，制定国家法治宣传教育法。

（二）健全普法责任制。实行国家机关"谁执法谁普法"的普法责任制，建立普法责任清单制度。建立法官、检察官、行政执法人员、律师等以案释法制度，在执法司法实践中广泛开展以案释法和警示教育，使案件审判、行政执法、纠纷调解和法律服务的过程成为向群众弘扬法治精神的过程。加强司法、行政执法案例整理编辑工作，推动相关部门面向社会公众建立司法、行政执法典型案例发布制度。落实"谁主管谁负责"的普法责任，各行业、各单位要在管理、服务过程中，结合行业特点和特定群体的法律需求，开展法治宣传教育。健全媒体公益普法制度，广播电视、报纸期刊、互联网和手机媒体等大众传媒要自觉履行普法责任，在重要版面、重要时段制作刊播普法公益广告，开设法治讲堂，针对社会热点和典型案（事）例开展及时权威的法律解读，积极引导社会法治风尚。各级党组织要坚持全面从严治党、依规治党，切实履行学习宣传党内法规的职责，把党内法规作为学习型党组织建设的重要内容，充分发挥正面典型倡导和反面案例警示作用，为党内法规的贯彻实施营造良好氛围。

（三）推进法治宣传教育工作创新。创新工作理念，坚持服务党和国家工作大局、服务人民群众生产生活，努力培育全社会法治信仰，增强法治宣传教育工作实效。针对受众心理，创新方式方法，坚持集中法治宣传教育与经常性法治宣传教育相结合，深化法律进机关、进乡村、进社区、进学校、进企业、进单位的"法律六进"主题活动，完善工作标准，建立长效机制。创新载体阵地，充分利用广场、公园等公共场所开展法治宣传教育，有条件的地方建设宪法法律教育中心。在政府机关、社会服务机构的服务大厅和服务窗口增加法治宣传教育功能。积极运用公共活动场所电子显示屏、服务窗口触摸屏、公交移动电视屏、手机屏等，推送法治宣传教育内容。充分运用互联网传播平台，加强新媒体新技术在普法中的运用，推进"互联网＋法治宣传"行动。开展新媒体普法益民服务，组织新闻网络开展普法宣传，更好地运用微信、微博、微电影、客户端开展普法活动。加强普法网站和普法网络集群建设，建设法治宣传教育云平台，实现法治宣传教育公共数据资源开放和共享。适应我国对外开放新格局，加强对外法治宣传工作。

五、组织领导

（一）切实加强领导。各级党委和政府要把法治宣传教育纳入当地经济社会发展规划，定期听取法治宣传教育工作情况汇报，及时研究解决工作中的重大问题，把法治宣传教育纳入综合绩效考核、综治考核和文明创建考核内容。各级人大要加强对法治宣传教育工作的日常监督和专项检查。健全完善党委领导、人大监督、政府实施的法治宣传教育工作领导体制，加强各级法治宣传教育工作组织机构建设。高度重视基层法治宣传教育队伍建设，切实解决人员配备、基本待遇、工作条件等方面的实际问题。

（二）加强工作指导。各级法治宣传教育领导小组每年要将法治宣传教育工作情况向党委（党组）报告，并报上级法治宣传教育工作领导小组。加强沟通协调，充分调动各相关部门的积极性，发挥各自优势，形成推进法治宣传教育工作创新发展的合力。结合各地区各部门工作实际，分析不同地区、不同对象的法律需求，区别对待、分类指导，不断增强法治宣传教育的针对性。坚持问题导向，深入基层、深入群众调查研究，积极解决问题，努力推进工作。认真总结推广各地区各部门开展法治宣传教育的好经验、好做法，充分发挥先进典型的示范和带动作用，推进法治宣传教育不断深入。

（三）加强经费保障。各地区要把法治宣传教育相关工作经费纳入本级财政预算，切实予以保障，并建立动态调整机制。把法治宣传教育列入政府购买服务指导性目录。积极利用社会资金开展法治宣传教育。

中国人民解放军和中国人民武装警察部队的第七个五年法治宣传教育工作，参照本规划进行安排部署。

全国人民代表大会常务委员会
关于开展第七个五年法治宣传教育的决议

（2016年4月28日第十二届全国人民代表大会常务委员会第二十次会议通过）

2011年至2015年，我国法制宣传教育第六个五年规划顺利实施，法治宣传教育在服务经济社会发展、维护社会和谐稳定、建设社会主义法治国家中发挥了重要作用。为深入学习宣传习近平总书记关于全面依法治国的重要论述，全面推进依法治国，顺利实施"十三五"规划，全面建成小康社会，推动全体公民自觉尊法学法守法用法，推进国家治理体系和治理能力现代化建设，从2016年至2020年在全体公民中开展第七个五年法治宣传教育，十分必要。通过开展第七个五年法治宣传教育，使全社会法治观念明显增强，法治思维和依法办事能力明显提高，形成崇尚法治的社会氛围。特作决议如下：

一、突出学习宣传宪法。坚持把学习宣传宪法摆在首要位置，在全社会普遍开展宪法宣传教育，重点学习宣传宪法确立的我国的国体、政体、基本政治制度、基本经济制度、公民的基本权利和义务等内容，弘扬宪法精神，树立宪法权威。实行宪法宣誓制度，组织国家工作人员在宪法宣誓前专题学习宪法。组织开展"12·4"国家宪法日集中宣传活动，教育引导一切组织和个人以宪法为根本活动准则。

二、深入学习宣传国家基本法律。坚持把学习宣传宪法相关法、民法商法、行政法、经济法、社会法、刑法、诉讼与非诉讼程序法等法律法规的基本知识，作为法治宣传教育的基本任务，结合学习贯彻创新、协调、绿色、开放、共享发展理念，加强对相关法律法规的宣传教育。在全社会树立宪法法律至上、法律面前人人平等、权由法定、权依法使等基本法治理念。

三、推动全民学法守法用法。一切有接受教育能力的公民都要接受法治宣传教育。坚持把全民普法和守法作为依法治国的长期基础性工作，加强农村和少数民族地区法治宣传教育，以群众喜闻乐见、易于接受的方式开展法治宣传教育，引导公民努力学法、自觉守法、遇事找法、解决问题靠法，增强全社会厉行法治的积极性、主动性和自觉性。大力弘扬法治精神，培育法治理念，树立法治意识，共同维护法律的权威和尊严。

四、坚持国家工作人员带头学法守法用法。坚持把各级领导干部带头学法、模范守法、严格执法作为全社会树立法治意识的关键。健全国家工作人员学法用法制度，将法治教育纳入干部教育培训总体规划。坚持把依法办事作为检验国家工作人员学法用法的重要标准，健全重大决策合法性审查机制，推行政府法律顾问制度，推动行政机关依法行政，促进司法机关公正司法。坚持把尊法学法守法用法情况作为考核领导班子和领导干部的重要内容。

五、切实把法治教育纳入国民教育体系。坚持从青少年抓起，制定青少年法治教育大纲，设立法治知识课程，完善法治教材体系，强化学校、家庭、社会"三位一体"的青少年法治教育格局，加强青少年法治教育实践基地建设，增强青少年的法治观念。

六、推进社会主义法治文化建设。把法治文化建设纳入现代公共文化服务体系，繁荣法治文化作品创作推广，广泛开展群众性法治文化活动。大力弘扬社会主义核心价值观，推动法治教育与道德教育相结合，促进法律的规范作用和道德的教化作用相辅相成。健全公民和组织守法信用记录，建立和完善学法用法先进集体、先进个人宣传表彰制度。

七、推进多层次多领域依法治理。坚持法治宣传教育与法治实践相结合，把法律规定变成引领保障经济社会发展的基本规范。深化基层组织和部门、行业依法治理，深入开展法治城市、法治县（市、区）、民主法治示范村（社区）等法治创建活动，提高社会治理法治化水平。

八、推进法治宣传教育创新。遵循现代传播规律，推进法治宣传教育工作理念、方式方法、载体阵地和体制机制等创新。结合不同地区、不同时期、不同群体的特点和需求，分类实施法治宣传教育，提高法治宣传教育的针对性和实效性，力戒形式主义。充分发挥报刊、广播、电视和新媒体新技术等在普法中的作用，推进互联网＋法治宣传教育行动。建立法官、检察官、行政执法人员、律师等以案释法制度，充分运用典型案例，结合社会热点，开展生动直观的法治宣传教育。加强法治宣传教育志愿者队伍建设。深化法律进机关、进乡村、进社区、进学校、进企业、进单位等活动。

九、健全普法责任制。一切国家机关和武装力量、各政党和各人民团体、企业事业组织和其他社会组织都要高度重视法治宣传教育工作，按照"谁主管谁负责"的原则，认真履行普法责任。实行国家机关"谁执法谁普法"的普法责任制，建立普法责任清单制度。健全媒体公益普法制度，落实各类媒体的普法责任，在重要频道、重要版面、重要时段开展公益普法。把法治宣传教育纳入当地经济社会发展规划，进一步健全完善党委领导、人大监督、政府实施、部门各负其责、全社会共同参与的法治宣传教育工作体制机制。

十、加强组织实施和监督检查。各级人民政府要积极开展第七个五年法治宣传教育工作，强化工作保障，做好中期检查和终期评估，并向本级人民代表大会常务委员会报告。各级人民代表大会及其常务委员会要充分运用执法检查、听取和审议工作报告以及代表视察、专题调研等形式，加强对法治宣传教育工作的监督检查，保证本决议得到贯彻落实。

最新全国"七五"普法系列读物

总顾问：张苏军　　总主编：李林　陈甦　陈泽宪　莫纪宏

名　　　称	规格	定价
全国"七五"普法统编教材（以案释法版，共 25 册）		
宪法知识党员干部读本（以案释法版）	16 开	28
宪法知识中小学生读本（以案释法版）	16 开	18
宪法知识公民读本（以案释法版）	16 开	18
全面推进依法治国党员干部读本（以案释法版）	16 开	28
领导干部法治思维和法治方式读本（以案释法版）	16 开	28
党委(党组)理论学习中心组法治学习读本（以案释法版）	16 开	38
领导干部学法用法读本（以案释法版）	16 开	38
公务员学法用法读本（以案释法版）	16 开	38
事业单位人员学法用法读本（以案释法版）	16 开	38
企业经营管理人员学法用法读本（以案释法版）	16 开	38
非公有制企业和商会学法用法读本（以案释法版）	16 开	38
职工学法用法读本（以案释法版）	16 开	28
农民工学法用法读本（以案释法版）	16 开	24
社区居委会干部学法用法读本（以案释法版）	16 开	28
社区居民学法用法读本（以案释法版）	16 开	24
农村"两委"干部学法用法读本（以案释法版）	16 开	32
农民学法用法读本（以案释法版）	16 开	24
公民学法用法读本（以案释法版）	16 开	28
青少年法治教育（以案释法小学版）	16 开	12
青少年法治教育（以案释法初中版）	16 开	15
青少年法治教育（以案释法高中版）	16 开	18
教职工法治教育读本（以案释法版）	16 开	38
"大众创业万众创新"法律知识读本（以案释法版）	16 开	28
"一带一路"法律知识读本（以案释法版）	16 开	28
党内法规学习宣传读本（以案释法版）	16 开	28
新时期法治宣传教育工作丛书（共 30 册）		
新时期法治宣传教育立法	16 开	48
新时期县市区和乡镇法治宣传教育	16 开	48
新时期网络和新媒体法治宣传教育	16 开	48
新时期法治城市和法治县(市、区)创建	16 开	48
新时期法治文化和法治阵地建设	16 开	48
新时期"谁执法谁普法"和"以案释法"工作	16 开	38

新时期媒体公益法治宣传教育	16 开	48
新时期"法律六进"活动	16 开	38
新时期行业(部门)法治宣传教育	16 开	48
新时期机关（单位）法治宣传教育	16 开	38
新时期农村法治宣传教育	16 开	38
新时期社区法治宣传教育	16 开	38
新时期青少年(学校)法治宣传教育	16 开	48
新时期企业法治宣传教育	16 开	38
新时期公民法治宣传教育	16 开	28
新时期特殊场所法治宣传教育	16 开	28
新时期"12·4"国家宪法日暨法制宣传日宣传教育	16 开	38
新时期法治政府建设和政府法律顾问工作	16 开	48
新时期领导干部公务员法治宣传教育	16 开	38
新时期事业单位人员国企经营管理人员法治宣传教育	16 开	38
新时期协会商会民营企业个体工商户法治宣传教育	16 开	38
新时期流动人口农民工新市民法治宣传教育	16 开	28
新时期特殊人群法治宣传教育	16 开	28
新时期法治社会建设和全民守法工作	16 开	38
新时期普法骨干培训教材	16 开	48
新时期普法讲师团成员培训教材	16 开	38
新时期法制副校长培训教材	16 开	38
新时期村(居)委法制副主任一村(居)一法律顾问培训教材	16 开	10
新时期普法志愿者培训教材	16 开	10
新时期法律明白人培训教材	16 开	10
"谁执法谁普法"系列丛书（以案释法版，共70册）		
审判法律知识读本（以案释法版）	16 开	28
检察法律知识读本（以案释法版）	16 开	28
监察法律知识读本（以案释法版）	16 开	28
政府法制法律知识读本（以案释法版）	16 开	28
保密法律知识读本（以案释法版）	16 开	28
档案法律知识读本（以案释法版）	16 开	28
信访法律知识读本（以案释法版）	16 开	28
国防法律知识读本（以案释法版）	16 开	28
发展改革法律知识读本（以案释法版）	16 开	28
粮食法律知识读本（以案释法版）	16 开	28
能源法律知识读本（以案释法版）	16 开	28
教育法律知识读本（以案释法版）	16 开	28
体育法律知识读本（以案释法版）	16 开	28
科技法律知识读本（以案释法版）	16 开	28
工业和信息化法律知识读本（以案释法版）	16 开	28
烟草法律知识读本（以案释法版）	16 开	28

国防科工法律知识读本（以案释法版）	16 开	28
民族法律知识读本（以案释法版）	16 开	28
宗教法律知识读本（以案释法版）	16 开	28
公安法律知识读本（以案释法版）	16 开	28
国家安全法律知识读本（以案释法版）	16 开	28
民政法律知识读本（以案释法版）	16 开	28
司法行政法律知识读本（以案释法版）	16 开	28
财政法律知识读本（以案释法版）	16 开	28
审计法律知识读本（以案释法版）	16 开	28
人力资源和社会保障法律知识读本（以案释法版）	16 开	28
编制法律知识读本（以案释法版）	16 开	28
国土管理法律知识读本（以案释法版）	16 开	28
海洋法律知识读本（以案释法版）	16 开	28
环保法律知识读本（以案释法版）	16 开	28
住房和城乡建设法律知识读本（以案释法版）	16 开	28
交通法律知识读本（以案释法版）	16 开	28
铁路法律知识读本（以案释法版）	16 开	28
民航法律知识读本（以案释法版）	16 开	28
邮政法律知识读本（以案释法版）	16 开	28
商务法律知识读本（以案释法版）	16 开	28
农业法律知识读本（以案释法版）	16 开	28
林业法律知识读本（以案释法版）	16 开	28
水利法律知识读本（以案释法版）	16 开	28
文化法律知识读本（以案释法版）	16 开	28
文物法律知识读本（以案释法版）	16 开	28
新闻出版广电法律知识读本（以案释法版）	16 开	28
卫生法律知识读本（以案释法版）	16 开	28
计划生育法律知识读本（以案释法版）	16 开	28
中医药法律知识读本（以案释法版）	16 开	28
人民银行法律知识读本（以案释法版）	16 开	28
外汇管理法律知识读本（以案释法版）	16 开	28
海关法律知识读本（以案释法版）	16 开	28
国资管理法律知识读本（以案释法版）	16 开	28
税务法律知识读本（以案释法版）	16 开	28
工商行政管理法律知识读本（以案释法版）	16 开	28
质量检验检疫法律知识读本（以案释法版）	16 开	28
安全生产监督法律知识读本（以案释法版）	16 开	28
食品药品监督法律知识读本（以案释法版）	16 开	28
统计法律知识读本（以案释法版）	16 开	28
知识产权法律知识读本（以案释法版）	16 开	28
旅游法律知识读本（以案释法版）	16 开	28

港澳台侨权益保护法律知识读本（以案释法版）	16 开	28
地震法律知识读本（以案释法版）	16 开	28
气象法律知识读本（以案释法版）	16 开	28
银行业监督管理法律知识读本（以案释法版）	16 开	28
证券监督管理法律知识读本（以案释法版）	16 开	28
保险监督管理法律知识读本（以案释法版）	16 开	28
供销合作社法律知识读本（以案释法版）	16 开	28
工会法律知识读本（以案释法版）	16 开	28
共青团法律知识读本（以案释法版）	16 开	28
妇联法律知识读本（以案释法版）	16 开	28
文联作协法律知识读本（以案释法版）	16 开	28
残联法律知识读本（以案释法版）	16 开	28
红十字会法律知识读本（以案释法版）	16 开	28
"谁执法谁普法"系列宣传册（漫画故事版，共 70 册）		
审判普法宣传册（漫画故事版）	大 32	8
检察普法宣传册（漫画故事版）	大 32	8
监察普法宣传册（漫画故事版）	大 32	8
政府法制普法宣传册（漫画故事版）	大 32	8
保密普法宣传册（漫画故事版）	大 32	8
档案普法宣传册（漫画故事版）	大 32	8
信访普法宣传册（漫画故事版）	大 32	8
国防普法宣传册（漫画故事版）	大 32	8
发展改革普法宣传册（漫画故事版）	大 32	8
粮食普法宣传册（漫画故事版）	大 32	8
能源普法宣传册（漫画故事版）	大 32	8
教育普法宣传册（漫画故事版）	大 32	8
体育普法宣传册（漫画故事版）	大 32	8
科技普法宣传册（漫画故事版）	大 32	8
工业和信息化普法宣传册（漫画故事版）	大 32	8
烟草普法宣传册（漫画故事版）	大 32	8
国防科工法律知识读本（以案释法版	大 32	8
民族普法宣传册（漫画故事版）	大 32	8
宗教普法宣传册（漫画故事版）	大 32	8
公安普法宣传册（漫画故事版）	大 32	8
国家安全普法宣传册（漫画故事版）	大 32	8
民政普法宣传册（漫画故事版）	大 32	8
司法行政普法宣传册（漫画故事版）	大 32	8
财政普法宣传册（漫画故事版）	大 32	8
审计普法宣传册（漫画故事版）	大 32	8
人力资源和社会保障普法宣传册（漫画故事版）	大 32	8
编制普法宣传册（漫画故事版）	大 32	8

国土管理普法宣传册（漫画故事版）	大32	8
海洋普法宣传册（漫画故事版）	大32	8
环保普法宣传册（漫画故事版）	大32	8
住房和城乡建设普法宣传册（漫画故事版）	大32	8
交通普法宣传册（漫画故事版）	大32	8
铁路普法宣传册（漫画故事版）	大32	8
民航普法宣传册（漫画故事版）	大32	8
邮政普法宣传册（漫画故事版）	大32	8
商务普法宣传册（漫画故事版）	大32	8
农业普法宣传册（漫画故事版）	大32	8
林业普法宣传册（漫画故事版）	大32	8
水利普法宣传册（漫画故事版）	大32	8
文化普法宣传册（漫画故事版）	大32	8
文物普法宣传册（漫画故事版）	大32	8
新闻出版广电普法宣传册（漫画故事版）	大32	8
卫生普法宣传册（漫画故事版）	大32	8
计划生育普法宣传册（漫画故事版）	大32	8
中医药普法宣传册（漫画故事版）	大32	8
人民银行普法宣传册（漫画故事版）	大32	8
外汇管理普法宣传册（漫画故事版）	大32	8
海关普法宣传册（漫画故事版）	大32	8
国资管理普法宣传册（漫画故事版）	大32	8
税务普法宣传册（漫画故事版）	大32	8
工商行政管理普法宣传册（漫画故事版）	大32	8
质量检验检疫普法宣传册（漫画故事版）	大32	8
安全生产监督普法宣传册（漫画故事版）	大32	8
食品药品监督普法宣传册（漫画故事版）	大32	8
统计普法宣传册（漫画故事版）	大32	8
知识产权普法宣传册（漫画故事版）	大32	8
旅游普法宣传册（漫画故事版）	大32	8
港澳台侨权益保护普法宣传册（漫画故事版）	大32	8
地震普法宣传册（漫画故事版）	大32	8
气象普法宣传册（漫画故事版）	大32	8
银行业监督管理普法宣传册（漫画故事版）	大32	8
证券监督管理普法宣传册（漫画故事版）	大32	8
保险监督管理普法宣传册（漫画故事版）	大32	8
供销合作社普法宣传册（漫画故事版）	大32	8
工会普法宣传册（漫画故事版）	大32	8
共青团普法宣传册（漫画故事版）	大32	8
妇联普法宣传册（漫画故事版）	大32	8
文联作协普法宣传册（漫画故事版）	大32	8

残联普法宣传册（漫画故事版）	大 32	8
红十字会普法宣传册（漫画故事版）	大 32	8
青少年《法治教育》系列教材（法治实践版，共 30 册）		
法治教育（法治实践版·小学一年级注音版上）	16 开	6.8
法治教育（法治实践版·小学一年级注音版下）	16 开	6.8
法治教育（法治实践版·小学二年级注音版上）	16 开	6.8
法治教育（法治实践版·小学二年级注音版下）	16 开	6.8
法治教育（法治实践版·小学三年级上）	16 开	8.8
法治教育（法治实践版·小学三年级下）	16 开	8.8
法治教育（法治实践版·小学四年级上）	16 开	8.8
法治教育（法治实践版·小学四年级下）	16 开	8.8
法治教育（法治实践版·小学五年级上）	16 开	8.8
法治教育（法治实践版·小学五年级下）	16 开	8.8
法治教育（法治实践版·小学六年级上）	16 开	8.8
法治教育（法治实践版·小学六年级下）	16 开	8.8
法治教育（法治实践版·初中一年级上）	16 开	10.8
法治教育（法治实践版·初中一年级下）	16 开	10.8
法治教育（法治实践版·初中二年级上）	16 开	10.8
法治教育（法治实践版·初中二年级下）	16 开	10.8
法治教育（法治实践版·初中三年级上）	16 开	10.8
法治教育（法治实践版·初中三年级下）	16 开	10.8
法治教育（法治实践版·高中一年级上）	16 开	12.8
法治教育（法治实践版·高中一年级下）	16 开	12.8
法治教育（法治实践版·高中二年级上）	16 开	12.8
法治教育（法治实践版·高中二年级下）	16 开	12.8
法治教育（法治实践版·高中三年级上）	16 开	12.8
法治教育（法治实践版·高中三年级下）	16 开	12.8
法治教育（法治实践版·中职中专一年级）	16 开	14.8
法治教育（法治实践版·中职中专二年级）	16 开	14.8
法治教育（法治实践版·中职中专三年级）	16 开	14.8
法治教育（法治实践版·大学一年级）	16 开	19.8
法治教育（法治实践版·大学二年级）	16 开	19.8
法治教育（法治实践版·大学三年级）	16 开	19.8
"七五"普法书架——"以案释法"丛书（共 60 册）	16 开	2160
《公民权益保护法律指南》丛书（10 册/套）	16 开	360
公民权利义务法律指南（以案释法版）	16 开	（量大时
未成年人权益保护法律指南（以案释法版）	16 开	外包装纸
妇女权益保护法律指南（以案释法版）	16 开	盒上可署
老年人权益保护法律指南（以案释法版）	16 开	名＊＊编印
务工人员权益保护法律指南（以案释法版）	16 开	或＊＊捐
军人权益保护法律指南（以案释法版）	16 开	赠，订 60

消费者维权法律指南（以案释法版）	16 开	
征地拆迁维权法律指南（以案释法版）	16 开	
监狱罪犯维权法律指南（以案释法版）	16 开	
国家赔偿法律指南（以案释法版）	16 开	
《大众创业风险防范法律指导》丛书（10 册/套）	16 开	360（量大时外包装纸盒上可署名**编印或**捐赠，订60册全套增书架一幅）
合同纠纷防范法律指导（以案释法版）	16 开	
民间借贷纠纷防范法律指导（以案释法版）	16 开	
合伙纠纷防范法律指导（以案释法版）	16 开	
公司设立与股权纠纷防范法律指导（以案释法版）	16 开	
企业税收风险防范法律指导（以案释法版）	16 开	
抵押担保纠纷防范法律指导（以案释法版）	16 开	
商标、专利纠纷防范法律指导（以案释法版）	16 开	
票据存单纠纷防范法律指导（以案释法版）	16 开	
委托理财纠纷防范法律指导（以案释法版）	16 开	
企业改制与破产清算纠纷防范法律指导（以案释法版）	16 开	
《一生中要远离这些违法犯罪》丛书（10 册/套）	16 开	360（量大时外包装纸盒上可署名**编印或**捐赠，订60册全套增书架一幅）
什么是违法（以案释法版）	16 开	
什么是犯罪（以案释法版）	16 开	
哪些行为构成危害公共安全罪（以案释法版）	16 开	
哪些行为构成破坏社会主义市场经济秩序罪（以案释法版）	16 开	
哪些行为构成侵犯公民人身权利、民主权利罪（以案释法版）	16 开	
哪些行为构成侵犯财产罪（以案释法版）	16 开	
哪些行为构成妨害社会管理秩序罪（以案释法版）	16 开	
哪些行为构成贪污贿赂罪（以案释法版）	16 开	
哪些行为构成渎职罪（以案释法版）	16 开	
违法犯罪后如何辩护代理（以案释法版）	16 开	
《民事纠纷法律适用指南》丛书（10 册/套）	16 开	360（量大时外包装纸盒上可署名**编印或**捐赠，订60册全套增书架一幅）
人身伤害赔偿纠纷法律适用指南（以案释法版）	16 开	
医疗事故赔偿纠纷法律适用指南（以案释法版）	16 开	
环境污染赔偿纠纷法律适用指南（以案释法版）	16 开	
工伤赔偿与劳动合同纠纷法律适用指南（以案释法版）	16 开	
交通事故赔偿纠纷法律适用指南（以案释法版）	16 开	
婚姻家庭纠纷法律适用指南（以案释法版）	16 开	
收养、抚养、赡养与继承纠纷法律适用指南（以案释法版）	16 开	
房屋纠纷法律适用指南（以案释法版）	16 开	
宅基地与土地承包纠纷法律适用指南（以案释法版）	16 开	
民事证据与民事诉讼法律适用指南（以案释法版）	16 开	
《"法治创建"法律适用指导》丛书（10 册/套）	16 开	360（量大时外包装纸盒上可署
安全生产法律适用指导（以案释法版）	16 开	
食品安全法律适用指导（以案释法版）	16 开	
道路交通安全法律适用指导（以案释法版）	16 开	

工程建设质量与安全法律适用指导（以案释法版）	16 开	
环境污染赔偿法律适用指导（以案释法版）	16 开	
治安管理法律适用指导（以案释法版）	16 开	
村民自治法律适用指导（以案释法版）	16 开	
农村治安法律适用指导（以案释法版）	16 开	
社区矫正法律适用指导（以案释法版）	16 开	
人民调解法律适用指导（以案释法版）	16 开	
《阳光执法适用指导》丛书（10 册/套）	16 开	360（量大时外包装纸盒上可署名**编印或**捐赠，订60册全套增书架一幅）
公安执法监督适用指导（以案释法版）	16 开	
环保执法监督适用指导（以案释法版）	16 开	
食药品监督管理适用指导（以案释法版）	16 开	
安全生产监督管理适用指导（以案释法版）	16 开	
行政处罚适用指导（以案释法版）	16 开	
行政复议适用指导（以案释法版）	16 开	
行政证据收集、举证、审查适用指导（以案释法版）	16 开	
行政诉讼适用指导（以案释法版）	16 开	
冤错案件的防范与纠正适用指导（以案释法版）	16 开	
国家赔偿适用指导（以案释法版）	16 开	
普法连续出版物《普法漫画》（合订本）	48 辑	1440
全国普法办审定《普法漫画》月刊（1-12 辑）	12 辑	360
全国普法办审定《普法漫画》月刊（13-24 辑）	12 辑	360
全国普法办审定《普法漫画》月刊（25-36 辑）	12 辑	360
全国普法办审定《普法漫画》月刊（37-48 辑）	12 辑	360
普法连续出版物《普法音像》（合订本）	48 辑	19200
全国普法办监制《普法音像》月刊（1-12 辑）	12 辑	4800
全国普法办监制《普法音像》月刊（13-24 辑）	12 辑	4800
全国普法办监制《普法音像》月刊（25-36 辑）	12 辑	4800
全国普法办监制《普法音像》月刊（37-48 辑）	12 辑	4800
普法连续出版物《普法挂图》（合订本）	48 辑	960
《普法挂图》月刊（1-12 辑）	24 张	240
《普法挂图》月刊（13-24 辑）	24 张	240
《普法挂图》月刊（25-36 辑）	24 张	240
《普法挂图》月刊（37-48 辑）	24 张	240
"七五"普法挂图系列（45 种）		
《中华人民共和国国家安全法》挂图	2 张	20
《中华人民共和国食品安全法(修订版)》挂图	2 张	20
《中华人民共和国广告法》挂图	2 张	20
《中华人民共和国立法法》挂图	2 张	20
《中华人民共和国行政许可法》挂图	2 张	20
《中华人民共和国行政复议法》挂图	2 张	20
《中华人民共和国行政处罚法》挂图	2 张	20

《中华人民共和国社会救助暂行办法》挂图	2张	20
《中华人民共和国水污染防治法》挂图	2张	20
《中华人民共和国药品管理法》挂图	2张	20
《工伤保险条例》挂图	2张	20
《不动产登记暂行条例》挂图	2张	20
《中华人民共和国社会保险法》挂图	2张	20
《中华人民共和国突发事件应对法》挂图	2张	20
《中华人民共和国劳动合同法》挂图	2张	20
《中华人民共和国土地管理法》挂图	2张	20
《中华人民共和国禁毒法》挂图	2张	20
《中华人民共和国刑事诉讼法》挂图	2张	20
《校车安全管理条例》挂图	2张	20
《中华人民共和国道路交通安全法》挂图	2张	20
《中华人民共和国民事诉讼法》(修正案)挂图	2张	20
《中华人民共和国老年人权益保障法》挂图	2张	20
《中华人民共和国预防未成年人犯罪法》挂图	2张	20
《国有土地上房屋征收与补偿条例》挂图	2张	20
《中华人民共和国物权法》挂图	2张	20
《中华人民共和国治安管理处罚法》挂图	2张	20
《中华人民共和国教师法》挂图	2张	20
《中华人民共和国劳动法》挂图	2张	20
《中华人民共和国农业法》挂图	2张	20
《中华人民共和国旅游法》挂图	2张	20
《中华人民共和国消费者权益保障法》挂图	2张	20
《中华人民共和国职业病防治法》挂图	2张	20
《中华人民共和国村民委员会组织法》挂图	2张	20
《社区矫正实施办法》挂图	2张	20
《信访条例》挂图	2张	20
《法律援助条例》挂图	2张	20
《中华人民共和国环境保护法(修订版)》挂图	2张	20
《中华人民共和国劳动争议调解仲裁法》挂图	2张	20
《中华人民共和国侵权责任法》挂图	2张	20
《中华人民共和国国家赔偿法》挂图	2张	20
《中华人民共和国安全生产法(修订版)》挂图	2张	20
《中华人民共和国教育法》挂图	2张	20
《中华人民共和国著作权法》挂图	2张	20
《中华人民共和国人民调解法》挂图	4张	30
《中华人民共和国反家庭暴力法》挂图	2张	20
"七五"普法·"法律六进"系列普法挂图	**72张**	**720**
《法律进农村》系列普法挂图	12张	120
《法律进社区》系列普法挂图	12张	120

《法律进学校》系列普法挂图	12张	120
《法律进企业》系列普法挂图	12张	120
《法律进单位》系列普法挂图	12张	120
《法律进机关》系列普法挂图	12张	120
"七五"普法·新时期法治宣传教育微讲座		
《立法法修正解读与立法实务操作》高端讲座	12DVD	1800
《行政执法能力提升培训》高端讲座	12DVD	2900
《宪法知识微讲座100讲》	10DVD	980
《法治思维100例》（领导干部、公务员、事业、国企、村居）	10DVD	1980
《公职人员法律和廉政风险防范讲座·领导干部篇》	2DVD	396
《公职人员法律和廉政风险防范讲座·公务员篇》	2DVD	396
《公职人员法律和廉政风险防范讲座·事业单位人民团体篇》	2DVD	396
《公职人员法律和廉政风险防范讲座·国企经营管理人员篇》	2DVD	396
《公职人员法律和廉政风险防范讲座·基层村（居）干部篇》	2DVD	396
《开心普法——校园篇》电视情景短剧30集	10DVD	1800
"七五"普法·法学名家讲座系列（75讲）		
《全面推进依法治国基本方略》（中国社科院莫纪宏）	2DVD	200
《宪法的价值和我国宪法的实施》（中国社科院陈云生）	2DVD	200
《坚持依法行政建设法治政府》（国家行政学院杨伟东）	1DVD	100
《行政许可法讲座》（国家行政学院杨伟东）	1DVD	100
《行政处罚法讲座》（中国政法大学解志勇）	1DVD	100
《行政复议法讲座》（国家行政学院杨伟东）	1DVD	100
《行政强制法讲座》（全国人大法工委李援）	2DVD	200
《行政诉讼法(修订)讲座》（首都经贸大兰燕卓）	2DVD	200
《国家赔偿法讲座》（中国政法大学解志勇）	1DVD	100
《突发事件应对法讲座》（中国政法大学王敬波）	2DVD	200
《公共应急体制和应急预案体系》（中国政法大学林鸿潮）	1DVD	100
《义务教育法》讲座(中国劳动学院宋艳慧)	1DVD	100
《未成年人保护法》讲座(北京外国语大学姚金菊)	1DVD	100
《校车安全管理条例》讲座(中国政法大学王敬波)	1DVD	100
《预防未成年人犯罪法》讲座(中国政法大学皮艺军)	1DVD	100
《中小学幼儿园安全管理办法》讲座(中国政法大学王敬波)	1DVD	100
《未成年人保护法》讲座(中国政法大学皮艺军)	1DVD	100
《中小学公共安全教育指导纲要》讲座(中国政法大学王敬波)	1DVD	100
《教师法》讲座(北京外国语大学姚金菊)	1DVD	100
《学生伤害事故处理办法》讲座(中国政法大学王敬波)	1DVD	100
《消防法》讲座(中国劳动学院颜峻)	1DVD	100
《治安管处罚法》讲座(中国公安大学陈天本)	1DVD	100
《禁毒法》讲座(国家禁毒委领导专家)	4DVD	400
《侵权责任法》讲座(中国人民大学邢海宝)	2DVD	200
《精神卫生法》讲座(北京大学医学部刘瑞爽)	1DVD	100

《全国人民代表大会和地方各级人民代表大会代表法》（莫纪	2DVD	200
《村民委员会组织法》讲座(民政部基层司汤晋苏)	1DVD	100
《保守国家秘密法(修订)》讲座(全国人大法工委孙镇平)	1DVD	100
《出境入境管理法》讲座(北京理工大学刘国福)	2DVD	200
《物权法》讲座(中国社科院法学所渠涛)	2DVD	200
《公司法(修订)》讲座(中国人民大学贾林青)	2DVD	200
《合伙企业法》讲座(中国社科院法学所崔勤之)	2DVD	200
《消费者权益保护法》讲座(中国人民大学刘俊海)	2DVD	200
《商标法》讲座(中国政法大学冯晓青)	2DVD	200
《著作权法》讲座(中国政法大学杨利华)	2DVD	200
《专利法》讲座(中国政法大学陈丽苹)	1DVD	100
《信息网络传播权的保护》(中国政法大学冯晓青)	2DVD	200
《非物质文化遗产法》讲座(全国人大法工委李文阁)	1DVD	100
《税收征收管理法实施细则》讲座(北京大学翟继光)	2DVD	200
《征信业管理条例》讲座(中国人民大学刘俊海)	2DVD	200
《安全生产法》讲座(国务院发展研究中心常纪文)	2DVD	200
《药品管理法》讲座(南开大学宋华琳)	1DVD	100
《食品安全法与食品安全法制建设》讲座(全国人大李援)	1DVD	100
《环境保护法》讲座(国务院发展研究中心常纪文)	1DVD	100
《节约能源法》讲座(首都经贸大学高桂林)	1DVD	100
《清洁生产促进法》讲座(中国青年政治学院刘映春)	1DVD	100
《循环经济促进法》讲座(中国人民大学周珂)	1DVD	100
《水环境与水资源法律制度》讲座(中国人民大学周珂)	1DVD	100
《水土保持法》讲座(中国人民大学周珂)	1DVD	100
《渔业法》讲座(国务院发展研究中心常纪文)	1DVD	100
《土地管理法》讲座(北京立天律师事务所张捷)	1DVD	100
《国有土地上房屋征收与补偿条例》讲座(最高法院原法官王	3DVD	300
《城市房地产管理法》讲座(中国政法大学符启林)	2DVD	200
《物业管理条例》讲座(中国政法大学薛克刚)	1DVD	100
《农村土地承包法》讲座(中国社科院法学所刘海波)	1DVD	100
《农村土地承包经营纠纷调解仲裁法》讲座(社科院法学所刘	1DVD	100
《旅游法》讲座(对外经贸大学苏号朋)	2DVD	200
《保险法》讲座(对外经贸大学李青武)	1DVD	100
《交强险条例》讲座(中国人民大学贾林青)	2DVD	200
《劳动合同法》讲座(北京市劳动仲裁委吴立华)	2DVD	200
《劳动争议调解仲裁法》讲座(北京市劳动仲裁委梁桂琴)	1DVD	100
《职业病防治法》讲座(中国劳动学院孟燕华)	1DVD	100
《社会保险法》讲座(人社部政策研究司李月田)	1DVD	100
《军人保险法》讲座(中国人民大学邢海宝)	1DVD	100
《婚姻法司法解释(三)》讲座(中国社科院法学所薛宁兰)	2DVD	200
《老年人权益保障法》讲座(河北经贸大学田宝会)	1DVD	100

《妇女权益保障法》讲座(河北经贸大学梁洪杰)	1DVD	100
《残疾人权益保障法》讲座(河北经贸大学梁洪杰)	1DVD	100
《刑法修正案(八)》讲座(中国政法大学阮齐林)	2DVD	200
《刑事诉讼法(修订)》讲座(中国社科院冀祥德)	2DVD	200
《民事诉讼法(修订)》讲座(中国政法大学肖建华)	2DVD	200
《刑事法律援助制度的发展和实施》(中国政法大学顾永忠)	2DVD	200
《人民调解法》讲座(中国人民大学范愉)	1DVD	100
《调解制度在司法实践中的运用》(国家法官学院徐继军)	2DVD	200
《社区矫正的理论与实务》讲座(司法部预防犯罪所陈志海)	4DVD	400
行业普法讲座资源库（每张 DVD 单价 100）		
"法治政府"法学名家讲座库	16DVD	1600
"法治机关"法学名家讲座库	20DVD	2000
"法治校园"法学名家讲座库	19DVD	1900
"法治企业"法学名家讲座库	28DVD	2800
"法治农村"法学名家讲座库	38DVD	3800
"法治社区"法学名家讲座库	58DVD	5800
"法治公安"法学名家讲座库	30DVD	3000
"法治环保"法学名家讲座库	20DVD	2000
"法治社保"法学名家讲座库	29DVD	2900
"法治住建"法学名家讲座库	28DVD	2800
"法治国土"法学名家讲座库	27DVD	2700
"法治食药监"法学名家讲座库	21DVD	2100
行业法治动漫资源库（每个 40 秒，单价 4000，可编辑）		
"依法治国"法治动漫资源库	12 个	48000
"严格执法"法治动漫资源库	13 个	52000
"法治机关"法治动漫资源库	10 个	40000
"法治企业"法治动漫资源库	33 个	132000
"法治校园"法治动漫资源库	28 个	112000
"法治农村"法治动漫资源库	128 个	512000
"法治社区"法治动漫资源库	149 个	596000
"法治人社"法治动漫资源库	49 个	196000
"法治公安"法治动漫资源库	40 个	160000
"法治住建"法治动漫资源库	27 个	108000
"法治环保"法治动漫资源库	20 个	80000
"法治教育"法治动漫资源库	21 个	84000
"法治工商"法治动漫资源库	14 个	56000
"法治国土"法治动漫资源库	12 个	48000
"法治卫计"法治动漫资源库	9 个	36000
"法治安监"法治动漫资源库	9 个	36000
"法治质监"法治动漫资源库	6 个	24000
"法治金融"法治动漫资源库	5 个	20000

"交通安全"法治动漫资源库	16个	64000
"公民权力"法治动漫资源库	9个	36000
"婚姻家庭"法治动漫资源库	12个	48000
"知识产权"法治动漫资源库	9个	36000
"社区矫正"法治动漫资源库	9个	36000
"农村土地保护"法治动漫资源库	8个	32000
"突发事件应对"法治动漫资源库	8个	32000
"法治民政"法治动漫资源库	4个	16000
"法治国防"法治动漫资源库	4个	16000
"法治林业"法治动漫资源库	3个	12000
"法治税收"法治动漫资源库	3个	12000
行业法治展板/橱窗（每块单价1000，可自行署名印制）		
"依法行政"展板/橱窗	6块	6000
"公正司法"展板/橱窗	8块	8000
"法治机关"展板/橱窗	20块	20000
"法治企业"展板/橱窗	27块	27000
"法治校园"展板/橱窗	47块	47000
"法治农村"展板/橱窗	57块	57000
"法治社区"展板/橱窗	57块	57000
"法治国防"展板/橱窗	42块	42000
"法治公安"展板/橱窗	23块	23000
"法治监察"展板/橱窗	6块	6000
"法治司法行政"展板/橱窗	9块	9000
"法治民政"展板/橱窗	22块	22000
"法治教育"展板/橱窗	44块	44000
"法治体育"展板/橱窗	3块	3000
"法治人社"展板/橱窗	18块	18000
"法治卫计"展板/橱窗	10块	10000
"法治国土"展板/橱窗	13块	13000
"法治住建"展板/橱窗	14块	14000
"法治环保"展板/橱窗	8块	8000
"法治工商"展板/橱窗	22块	22000
"法治安监"展板/橱窗	8块	8000
"法治质监"展板/橱窗	10块	10000
"法治食药监"展板/橱窗	4块	4000
"法治金融"展板/橱窗	9块	9000
"法治税收"展板/橱窗	8块	8000
"法治财政国资"展板/橱窗	5块	5000
"法治商务"展板/橱窗	5块	5000
"法治交通"展板/橱窗	6块	6000
"法治农业"展板/橱窗	19块	19000

"法治畜牧"展板/橱窗	8块	8000
"法治林业"展板/橱窗	4块	4000
"法治渔业"展板/橱窗	3块	3000
"法治文广"展板/橱窗	9块	9000
"法治知识产权"展板/橱窗	5块	5000
"法治旅游"展板/橱窗	2块	2000
"法治物价"展板/橱窗	2块	2000
"法治气象"展板/橱窗	3块	3000
"法治煤炭"展板/橱窗	3块	3000
"法治保密"展板/橱窗	2块	2000
"法治信访"展板/橱窗	2块	2000
"法治残联"展板/橱窗	2块	2000
"七五"普法《学法笔记本》(电子版，可自行署名印制)		
"七五"普法《学法笔记本》(综合，电子版)	32开	10000
"七五"普法《学法笔记本》(领导干部，电子版)	32开	10000
"七五"普法《学法笔记本》(公务员，电子版)	32开	10000
"七五"普法《学法笔记本》(企事业管理人员，电子版)	32开	10000
"七五"普法《学法笔记本》(街道社区干部，电子版)	32开	10000
"七五"普法《学法笔记本》(乡镇农村两委干部，电子版)	32开	10000
"七五"普法《学法笔记本》(教育教师，电子版)	32开	10000
"七五"普法《学法笔记本》(医药卫生，电子版)	32开	10000
"七五"普法《学法笔记本》(文化广电，电子版)	32开	10000
"七五"普法《学法笔记本》(农林水，电子版)	32开	10000
"七五"普法《学法笔记本》(工业和信息化，电子版)	32开	10000
"七五"普法《学法笔记本》(民族宗教，电子版)	32开	10000
"七五"普法《学法笔记本》(人力资源和社会保障，电子版)	32开	10000
"七五"普法《学法笔记本》(金融，电子版)	32开	10000
"七五"普法《学法笔记本》(财政审计，电子版)	32开	10000
"七五"普法《学法笔记本》(税务，电子版)	32开	10000
"七五"普法《学法笔记本》(住房和城乡建设，电子版)	32开	10000
"七五"普法《学法笔记本》(交通运输，电子版)	32开	10000
"七五"普法《学法笔记本》(铁道，电子版)	32开	10000
"七五"普法《学法笔记本》(商业外贸，电子版)	32开	10000
"七五"普法《学法笔记本》(人口计生，电子版)	32开	10000
"七五"普法《学法笔记本》(纪检监察，电子版)	32开	10000
"七五"普法《学法笔记本》(政法，电子版)	32开	10000
"七五"普法《学法笔记本》(环境保护，电子版)	32开	10000
"七五"普法《学法笔记本》(海关，电子版)	32开	10000
"七五"普法《学法笔记本》(质量检验检疫，电子版)	32开	10000
"七五"普法《学法笔记本》(安监，电子版)	32开	10000
"七五"普法《学法笔记本》(国土管理，电子版)	32开	10000

"七五"普法《学法笔记本》（工商行政管理，电子版）	32 开	10000
"七五"普法扑克系列（更多行业普法扑克，可署名印制）		
《"七五"普法法律知识》普法扑克	54 张	5
《劳动合同法》普法扑克	54 张	5
《安全生产法》普法扑克	54 张	5
《土地管理法》普法扑克	54 张	5
《税收征管法》普法扑克	54 张	5
《食品安全法》普法扑克	54 张	5
《突发事件应对法》普法扑克	54 张	5
《烟草专卖法》普法扑克	54 张	5
"七五"普法《名家法治书法》		
"七五"普法《名家法治书法》（有关宪法宣传，含装裱）	1 幅	20000
"七五"普法《名家法治书法》（有关廉政教育，含装裱）	1 幅	20000
"七五"普法《名家法治书法》（有关法治县市区，含装裱）	1 幅	20000
"七五"普法《名家法治书法》（有关法治政府，含装裱）	1 幅	20000
"七五"普法《名家法治书法》（有关执法示范单位，含装裱）	1 幅	20000
"七五"普法《名家法治书法》（有关和谐社区，含装裱）	1 幅	20000
"七五"普法《名家法治书法》（有关法治平安校园，含装裱）	1 幅	20000
"七五"普法《名家法治书法》（有关诚信守法企业，含装裱）	1 幅	20000
"七五"普法《名家法治书法》（有关民主法治乡村，含装裱）	1 幅	20000
"七五"普法·"宪法"宣传图书		
《宪法》宣誓·手持本（精装）	32 开	28
《宪法》宣誓·手按本（精装）	32 开	40
《宪法与我》宣传册（漫画案例版）	32 开	5
《宪法》单行本（平装）	32 开	4
《宪法》单行本（精装）	32 开	16
《宪法》单行本（口袋书，简装，2000 册起订）	64 开	2
《中小学生"宪法晨读"本》（口袋书）	64 开	5
《国家工作人员"我读宪法"本》（口袋书）	64 开	5
"七五"普法·"宪法"广播电视和新媒体系列		
《宪法》宣传条幅（室外，每包 10 条，红底白字内容不同）	10 条	2000
《宪法》宣传标语（社区、农村，每包 10 条，红底白字内容不同）	10 条	30
《宪法》摘要广播（流动车大喇叭，著名播音员录制，23 分钟）	23 分钟	1000
《宪法》宣传电视专题片（电视台，多画面，播音员录制，26 分钟）	26 分钟	5000
《宪法讲座—著名宪法学家陈云生》（上下集 120 分钟，2DVD 光盘）	2DVD	200
《宪法》宣传动漫公益广告（源文件，6 分钟，9 个可自主编辑）	9 个	4000
《宪法与我》手机短信（生活中的宪法，50 条）	50 条	1000
《宪法与我》手机报（彩信版，漫画生活中的宪法，10 条）	10 条	1000
《宪法与我》手机微信（漫画生活中的宪法，10 条）	10 条	1000
"七五"普法·"宪法"单页挂图展板台日历系列		
《宪法》宣传单页（16 开，铜版纸，双面彩印，5000 起订）	16 开	0.6

品名	规格	单价
《宪法》宣传单页(电子版，16开，正背彩印，漫画故事)	16开	2000
《"宪法与我"宣传折页》(漫画故事5折12面彩印，5000册起订)	5折页	5000
《"宪法与我"宣传折页》(电子版，可自主印制署名，含若干漫画)	5折页	5000
《宪法宣传挂图》(一套5张，铜版纸彩色印刷，100套起订)	6张	60
《宪法宣传挂图》(电子版，一套6张，可自主印刷署名)	6张	6000
《宪法宣传展板》(易拉宝，含架，一套6块)	6块	1200
《宪法宣传展板》(电子版，一套6张，可自主喷绘署名)	6块	6000
宪法宣传年度桌历(大32，13张高档铜板彩印，500册起订)	大32	8
宪法宣传年度桌历(电子版，可自主印制署名，含若干漫画)	大32	10000
宪法宣传年度周历(大32，53张高档铜板彩印，500册起订)	大32	20
宪法宣传年度周历(电子版，可自主印制署名，含若干漫画)	大32	20000
宪法宣传年度年历(4开1张，彩色高档印制，1000册起订)	4开	3
宪法宣传年度年历(电子版，可自主印刷署名)	4开	5000
宪法宣传年度日历(365页，手撕，72开，5000起订)	72开	10
"七五"普法·"宪法"宣传办公和生活用品系列		
宪法宣传笔记本(皮革，精装，16开，500册起订)	16开	20
宪法宣传笔记本(简装，2000册起)	大32	5
宪法宣传鼠标垫(常规，1000个起订)	常规	3.5
宪法宣传纸杯(常规，2000个起订)	常规	1
宪法宣传水写笔(常规，2000支起订)	常规	3
宪法宣传书签(常规，10000起订)	常规	0.5
宪法宣传茶具(普通青花瓷，1套7件，即1壶6杯，现货)	7件	160
宪法宣传茶具(优质骨瓷，1套11件，现货)	11件	360
宪法宣传茶杯(青花牡丹图，高档优质骨瓷带盖、每箱10杯，现货)	10杯	420
宪法宣传茶杯(墨竹图，普通陶瓷带盖、每箱10杯，现货)	10杯	190
宪法宣传笔筒(红瓷，1个，现货)	1个	198
宪法宣传扑克牌(72开，高档印制，1000起订)	72开	5
宪法宣传扑克牌(漫画+条文，电子版，可自主署名)	72开	10000
宪法宣传手提袋(无纺布，30cm×40cm×8cm，1000个起订)	无纺布	3
宪法宣传围裙(防水布，长80×宽65cm，1000个起订)	防水布	8
宪法宣传围裙(优质型/韩版，77×67×23cm，1000个起)	常规	15
宪法宣传毛巾(常规，1000个起订)	全棉	10
宪法宣传太阳伞(名牌杭州天堂伞、7-8片、500个起订)	7-8片	28
宪法宣传晴雨伞(广告品牌伞，7片-8片、500个起订)	7-8片	20
宪法宣传太阳帽(常规，1000个起订)	夏	10

银行汇款：开户名：中国民主法制出版社有限公司，账号：1100 1071 6000 5604 0867，开户行：建行北京市右安门支行（行号：1051 0000 9098）。注：开发票时品名均为"图书"。

分社地址：北京市海淀区北三环西路32号恒润国际大厦711、901、902、911（邮编100086）。

咨询电话：400-659-2288（多线，免长话费），传真：010-62167260、62151293。

网　　址：www.faxuan.net 或者 www.pfcx.cn 或者 www.Law124.com.cn 。